重庆城市管理职业学院科研创新团队(No: KYTD202010)

奉节餐饮业发展研究

唐东升　　著

西南财经大学出版社

中国·成都

图书在版编目(CIP)数据

奉节餐饮业发展研究/唐东升著.—成都:西南财经大学出版社,
2022.12
ISBN 978-7-5504-5311-1

Ⅰ.①奉… Ⅱ.①唐… Ⅲ.①饮食业—产业发展—研究—奉节县
Ⅳ.①F726.93

中国版本图书馆 CIP 数据核字(2022)第 055796 号

奉节餐饮业发展研究
FENGJIE CANYINYE FAZHAN YANJIU
唐东升　著

策划编辑:王琳
责任编辑:王琳
责任校对:冯雪
封面设计:张姗姗
责任印制:朱曼丽

出版发行	西南财经大学出版社(四川省成都市光华村街 55 号)
网　　址	http://cbs.swufe.edu.cn
电子邮件	bookcj@swufe.edu.cn
邮政编码	610074
电　　话	028-87353785
照　　排	四川胜翔数码印务设计有限公司
印　　刷	四川煤田地质制图印务有限责任公司
成品尺寸	170mm×240mm
印　　张	12.5
字　　数	236 千字
版　　次	2022 年 12 月第 1 版
印　　次	2022 年 12 月第 1 次印刷
书　　号	ISBN 978-7-5504-5311-1
定　　价	88.00 元

序

　　重庆市奉节县，位于长江三峡库区腹心，东邻重庆市巫山县，南接湖北省恩施市，西连重庆市云阳县，北接重庆市巫溪县，是重庆市的东大门。早在 6 万年前就有先民在此劳动生息。6 000 多年前，此地人民就与三峡地区、鄂西南和湘北地区人民共同创造出闻名全国的大溪文化。

　　奉节县不仅历史悠久，而且风景秀丽，有远近闻名的 4A 级景区——白帝城、大窝景区、天坑地缝、三峡之巅风景区、瞿塘峡，地处瞿塘峡西门的夔门还是第五套 10 元人民币背面风景图案的取景地。奉节县餐饮更是风味迥异、特色浓郁、文化深厚。正如山东卫视某档节目中所言："我们奉节的这个美食文化，也是巴适得很！"2019 年，奉节县成功创建国家级"美食地标城市"，中国烹饪协会为奉节县颁发了"中餐特色美食名录证书"，奉节县从此进入全国美食地标城市名录。

　　奉节县的餐饮文化贯穿奉节县发展的整个历史时期，体现在各个方面、各个环节之中。其既有大溪文化的传承，也有新餐饮文化的创新。

　　早在 1943 年，奉节县县城饮食店就达 140 户，1949 年增长到 293 户，到 1990 年多达 827 户，拥有匡开秀甑蒸糕、陈期贵癞克包等名特食品 10 多种。目前，奉节县餐饮企业多达 2 300 余家，拥有中国国际食品博览会金奖和国际注册商标"乡坛子"、中国地理标志产品和中国驰名商标"奉节脐橙"、中国名火锅宴"陶记紫阳鸡汤锅"、重庆市非物质文化遗产"竹园盐子鸡"等餐饮特色品牌。特别是竹园盐子鸡作为一道民间美食，不但有历史故事，还有诗、有歌、有赋、有馆、有书、有"非遗"。近年来，中央电视台、珠海电视台、重庆电视台等电视媒体以及多家报纸、互联网媒体都报道了奉节县独特的美食技艺、珍馐美馔的佳肴、深厚的餐饮文化。

高铁建成之际，奉节县认真贯彻落实《成渝地区双城经济圈建设规划纲要》、乡村振兴战略，积极融入重庆"一区两群"协调发展格局，借助"三峡之巅·诗橙奉节""美食地标城市"品牌，努力建设区域性消费中心城市。奉节县餐饮行业将阔步向前，餐饮文化将进一步升华，助力乡村全面振兴、经济高质量发展。

重庆城市管理职业学院唐东升教授带领团队成员多次深入奉节县调研，为奉节县餐饮行业的发展出谋划策，推动了奉节县美食地标城市的成功申报。本书论述了奉节县餐饮行业的发展历史、现状、成果，并提出了发展建议，有助于奉节县餐饮行业的发展，值得学习推广。在此，我代表奉节县商务委员会对唐东升教授所在团队表示衷心感谢！也希望有更多的科研团队来奉节县考察、调研，有更多的餐饮企业来奉节县生根发芽，促进奉节县餐饮行业健康、持续发展。

奉节县商务委员会主任

李晓霞

2022 年 3 月

前言

　　教育教学、科学研究、社会服务是高校教师的三大基本任务，因此我们在认真做好教育教学工作的同时，结合所学专业背景及重庆"一区两群"城镇发展新格局、成渝地区双城经济圈建设实际情况，成立了重庆城市管理职业学院科研创新团队——渝东北三峡库区城镇群商务发展科研创新团队（No：KYTD202010），专门开展渝东北地区现代服务业中商务经济发展情况的研究，为地方经济发展提供社会服务。

　　位于渝东北三峡库区城镇群的奉节县，居夔门之雄，享"诗城"之誉，不仅有历史上兵家必争之地、第五套10元人民币背景图案的取景地——雄伟夔门，还有神奇的4A级景区——天坑地缝。此外，奉节县人杰地灵，英才辈出。带着好奇，我们首先进入奉节县，于2019—2021年对奉节县的餐饮行业进行了深入的调研。

　　在奉节县，我们品尝到了让人回味悠长，被中央电视台、重庆电视台等10多家电视台报道的，被列为重庆市非物质文化遗产的美食——鲞子鸡，欣赏到了鲞子鸡歌、鲞子鸡赋、鲞子鸡诗，参观了鲞子鸡馆，还享用到了搭搭面等别具风味的老字号小吃，感受到了"夔州街巷夜辉煌，高朋相邀举樽忙"的夜生活场景，了解到了品牌价值高达180多亿元的奉节脐橙……从而真正领悟到了"民以食为天"所蕴含的哲学道理。因此，我们对奉节县的餐饮行业发展情况进行了重点研究。通过研究，我们为奉节县餐饮行业的发展提出了针对性建议，协助奉节县成功获得了国家级"美食地标城市"名片，为地方经济发展做出了一定的贡献。

根据研究成果，笔者撰写了《奉节餐饮业发展研究》这一专著。本专著主要包括绪论、发展历史、餐饮业现状、名人名企、美味佳肴、餐饮文化、发展对策七章内容。本专著通过对奉节县历史、现状的研究，反映奉节县餐饮行业实际工作经验与发展成效，突出奉节县餐饮文化建设特点和成果，探讨奉节县在高铁时代来临之际，餐饮业创新发展和提档升级的路径。本专著既充实了餐饮行业的理论研究成果，又为奉节县政府高质量发展餐饮业起到咨政服务作用。

由于水平有限、调研不够充分等，书中内容可能存在偏差与不足之处，敬请广大读者和奉节县餐饮行业领导、朋友批评指正。

重庆城市管理职业学院　唐东升

2022 年 3 月

目录

第一章　绪论

　　现代服务业联通内外、贯通城乡、对接产销，是国民经济的重要组成部分，是高质量经济、高品质生活的助推剂。加快其发展是优化经济结构、转换发展动力、保障和改善民生、推动经济社会持续健康发展的必然选择和战略举措，是促进农业现代化、助推制造强国、实现一二三产业在更高层次上协调发展的关键所在。

　　基于服务业的重要性，各级领导都非常重视服务业的发展。在制定"十三五"规划时，习近平总书记强调，要大力发展服务业特别是现代服务业，积极培育新业态和新商业模式，构建现代产业发展新体系。党的十九大报告指出，要支持传统产业优化升级，加快发展现代服务业，瞄准国际标准提高水平。2017 年 9 月 15 日，商务部钟山部长在《求是》杂志上发表了《实现商务事业新发展新提高新突破——深入学习习近平总书记经济外交的重要思想》一文，文中强调，要以习近平经济思想和习近平外交思想为指引，实现商务事业新发展新提高新突破。因此，为充分发挥高校教师服务社会经济发展的功能，作为重庆城市管理职业学院三级教授的笔者，主动在"十三五"期间带领团队开展了现代服务业发展研究，并草拟了《重庆市梁平高新区现代服务业发展专项规划（2019—2025 年）》，助推了重庆梁平高新技术产业开发区的成功创建。

　　渝东北地区，地处渝鄂川陕四省（直辖市）交界地带，位于三峡库区，既是重庆的东北"门户"，又是国家重点生态功能区和农产品主产区、长江上游特色经济走廊，现代服务业发展是其经济发展的重头戏。其中，商务发展对现代服务业整体发展又具有举足轻重的地位和作用。因此，笔者成立了"渝东北三峡库区城镇群商务发展科研创新团队（No：KYTD202010）"，专门开展渝东北地区现代服务业中的商务发展情况研究，得到了领导支持、经费资助。在研究过程中，团队研究了位于长江三峡库区腹心的重庆东大门——奉节县的餐饮业发展情况，协助奉节县成功获得国家级"美食地标城市"名片，促进了奉节县餐饮业的发展。

第一节 研究背景

一、社会背景

（一）世界贸易格局发生变化

30年前，国际贸易总量中产成品贸易占比达70%，20年前，国际贸易总量中产成品贸易占比降为40%，中间品贸易上升为60%，目前又上升到了70%左右。在中间品贸易发展过程中，又创造出了服务贸易，而且当前服务贸易总量与货物贸易总量的比例基本上是3∶7。在我国，服务贸易增长更快，近10年来，服务贸易几乎每年都在以25%的速度增长①。另外，近年来自由贸易协定已成潮流，比如，日本与欧洲通过谈判签订了FTA协议、于2022年1月1日生效的区域全面经济伙伴关系协定（RCEP），这些贸易协定将有力促进双边或多边贸易发展。与此同时，市场竞争也日益激烈，个别国家为了自身利益及国际地位，推出新贸易保护主义、单边主义、霸权主义，对世界贸易和平发展构成威胁，加剧国与国之间的贸易摩擦，使我国贸易发展遇到一定的障碍，各地商务经济的发展受到影响，特别是外贸出口等商务经济指标受到较大影响。

（二）我国经贸强国建设提速

2018年，商务部提出建设经贸强国、推动商务高质量发展的总体思路和具体措施，即"一个奋斗目标、六项主要任务和八大行动计划"。一个奋斗目标，即努力提前建成经贸强国，并规划了三个阶段性目标：2020年前，进一步巩固经贸大国地位，推进经贸强国的进程；2035年前，基本建成经贸强国；2050年前，全面建成经贸强国。当前，我国正在构建以国内大循环为主体、国内国际双循环相互促进的新发展格局，推动经贸强国早日建成。商务工作是国内大循环的重要组成部分，是联结国内国际双循环的重要枢纽，涉及国际贸易和国内贸易，因此商务经济发展程度将直接影响经贸强国的实现。

---

① 黄奇帆. 新时代，国际贸易新格局、新趋势［R/OL］.（2019-04-28）［2021-05-06］. http://www.xinfajia.net/15985.html.

（三）国家发展战略提供发展动力

2020 年 1 月 3 日，中央财经委员会第六次会议提出："要推动成渝地区双城经济圈建设，在西部形成高质量发展的重要增长极。"为推动成渝地区双城经济圈建设，重庆、四川多次召开党政联席会议，相关部门领导多次进行实地考察，共同制定了《深化四川重庆合作推动成渝地区双城经济圈建设工作方案》《推动成渝地区双城经济圈建设工作机制》《四川重庆两省市共同争取国家支持的重大事项》《深化四川重庆合作推动成渝地区双城经济圈建设 2020 年重点任务》。2020 年 10 月 16 日，中央政治局会议审议通过了《成渝地区双城经济圈建设规划纲要》。2020 年以来，川渝两地已签署合作协议 200 多份，共同推进成渝地区双城经济圈建设。当前，奉节县正在落实规划纲要，全面融入成渝地区双城经济圈建设，推进商务经济高质量发展。

乡村振兴战略的实施、长江经济带建设和重庆自贸区建设的推进，进一步为位于长江之滨的奉节县提供了新的发展机遇，为其商务经济的发展注入了新的动力。

（四）重庆城镇发展出现新格局

2014 年，重庆市政府提出构建"一区两群"城镇空间格局，以都市功能核心区、都市功能拓展区、城市发展新区构建大都市区，以万州为中心城市构建渝东北三峡库区城镇群，以黔江为中心城市构建渝东南武陵山区城镇群。2020 年，重庆市政府工作报告提出要着力构建"一区两群"协调发展格局，要求大都市区引领发展，渝东北三峡库区城镇群和渝东南武陵山区城镇群特色发展。奉节县位于渝东北三峡库区城镇群内，"库区""山区"特点明显，绿色资源丰富，汉族与土家族等多个少数民族融合，餐饮业独具特色。

（五）科技革命提供创新动能

自《国民经济和社会发展第十三个五年规划纲要》提出"开展加快发展现代服务业行动，扩大服业业对外开放，优化服务业发展环境，推动生产性服务业向专业化和价值链高端延伸、生活性服务业向精细和高品质转变"以来，新一代信息、人工智能等技术与服务业加速融合，现代服务业信息化水平迅速提高，加快了服务内容、业态和商业模式的创新，推动服务网络化、智慧化、平台化，知识密集型服务业比重快速提升，个性化、体验式、互动式等服务消费蓬勃兴起，推动餐饮业转型升级，为餐饮业发展提供创新动能。

（六）"十四五"发展规划启动

2020 年是"十三五"规划的最后一年，各地均已启动"十四五"发展规划的编制。在奉节县"十四五"商务发展规划中，餐饮业的发展规划又是不可或缺的重要内容。因此，本书的研究能为奉节县"十四五"商务发展规划的编制提供咨询服务。

二、经济背景

（一）我国已步入"服务经济"时代

当今社会，服务业呈现快速增长态势，全球经济总量的 2/3 是服务经济，在美国、英国、法国等发达国家，服务业产值占 GDP 的比重已超过 70%。2016 年以来，我国服务业对国民经济增长的贡献率均在 50% 以上，尽管 2020 年受到新型冠状病毒感染疫情（以下简称"新冠疫情"）的冲击，但最终消费支出占 GDP 的比重仍然达到 54.3%，因此，我国已步入"服务经济"时代。奉节县 2019 年、2020 年第三产业对经济增长的贡献率分别为 35.1%、33.61%，餐饮业营业额占社会消费品零售总额的比重分别为 30.17%、18.32%[①]。由此可见，奉节县服务经济对经济增长的贡献率还没有达到全国平均水平，需要加强研究，提出发展措施，提升其服务业及餐饮业的发展水平。

（二）居民消费结构不断升级

随着社会经济的快速发展，国民人均收入不断增长，居民消费能力和消费水平不断提高，从而促进了消费结构的升级，即由生存型消费升级为享受型消费和发展型消费。其具体表现为：家用电器消费快速增加，特别是耐用消费品向高档化方向发展，如智能化的大屏幕高清晰度彩电、大容量冰箱、空调、微波炉、摄像机、电脑、汽车等成为城镇居民的物质消费热点，并且农村、城镇的普及率都得以进一步提高。就汽车而言，商务部 2018 年商务工作及运行情况新闻发布会发布的数据显示，我国城镇家庭每 100 户汽车拥有量从 2013 年的 21.5 辆提升至 40 辆，2018 年我国汽车每 1 000 人保有量为 170 辆。同时，精神性的享受型消费正在兴起，包括文化、娱乐、旅游、智能家居、精品美食、医疗保健等。正如记者吴缵超 2019 年 11 月 15 日在《青年报》上发表的《享受型、发展型消费趋势形成》所述："餐饮、文娱、旅游为居民服务消费三大重点，超八成居民有消费需求。90.5% 的受访者有进行过在外餐饮消费，分别有 84.4% 和 83.2% 进行过文娱活动、旅游消费。"消费水平和消费结构的升级，将促进现代服务业高品质发展，促进餐饮业业态、质量、品牌等发生质的改变。我国是拥有 14 亿人口的大市场，有 4 亿中等收入群体，蕴含着大量的升级需求。因此，需要通过研究，实现奉节县餐饮业的提档升级，以满足居

---

① 奉节县统计局，国家统计局奉节调查队. 奉节县国民经济和社会发展统计公报 [R/OL]. (2020-04-23) [2021-03-22]. http://www.cqfj.gov.cn/zwgk_168/fdzdgknr/tjxx/.

民的消费升级需求。

（三）商圈引领商务经济快速发展

商圈特别是高端商圈，集聚了楼宇商超、人流、金融、财税等要素资源及服务业态，带动着总部经济、高端商贸、金融服务、商务服务、楼宇服务、文化创意、餐饮住宿、旅游服务等相关产业的发展，是商务经济的重要支柱。奉节县已建成以滨江国际中心为主体的高端核心商圈，聚集了各类餐饮业态。为适应经济社会发展，奉节县又新建了以环彬白帝·时代广场为核心的集购、食、看、游、住、行、穿、娱于一体的综合型商圈，这将有力促进餐饮行业向商圈聚集并快速发展。

（四）高铁时代提高餐饮消费潜力

2016 年，《中长期铁路网规划》提出：到 2025 年，要形成以"八纵八横"主通道为骨架、区域连接线衔接、城际铁路补充的高速铁路网，实现省会城市高速铁路通达、区际之间高效便捷相连的高速铁路网；到 2025 年，高速铁路达 3.8 万千米左右。"十三五"期间，我国高速铁路总里程已达 3.79 万千米。郑州至万州铁路项目的奉节段于 2022 年 6 月投入使用，奉节县进入高铁时代。高铁通车后，前来奉节县投资的企业和前来旅游、避暑的游客都大幅增加，为奉节县餐饮业的发展提高消费潜力。

（五）疫情阻碍了经济发展

自 2020 年 1 月新冠疫情暴发后，国际间部分贸易中断，国内部分企业停工停产，直接阻碍了经济的发展。服务业同样未能幸免。2020 年全国批发和零售业增加值为 95 686 亿元，比上年下降 1.3%；社会消费品零售总额为 391 981 亿元，比上年下降 3.9%；餐饮收入额为 39 527 亿元，比上年下降 16.6%[①]。奉节县的餐饮业同样受到了影响，2019 年其餐饮营业额为 23.71 亿元，而 2020 年为 17.26 亿元。

三、文化背景

习近平总书记指出，中国有坚定的道路自信、理论自信、制度自信，其本质是建立在 5 000 多年文明传承基础上的文化自信。弘扬商业文化，就是弘扬社会主义核心价值观，弘扬以爱国主义为核心的民族精神和以改革创新为核心的时代精神，将中华民族的文化自信融入商业之中，在商业上体现中华民族的

---

① 国家统计局. 中华人民共和国 2020 年国民经济和社会发展统计公报［R/OL］.（2021-02-28）［2021-05-09］. http://www.stats.gov.cn/tjsj/zxfb/202102/t20210227_1814154.html.

文化自信，以文化振兴商业，以商业传承、弘扬中华文化，坚定文化自信。餐饮文化是商业文化的一部分，而且商业越发达，餐饮业越发达，餐饮文化也越浓厚。开展餐饮业发展研究，自然涉及餐饮文化的研究。因此，开展餐饮文化的研究、宣传，正是弘扬商业文化的具体举措，是坚定文化自信的具体表现。开展奉节县餐饮业发展研究，将进一步促进奉节县餐饮文化的建设与发展，提升奉节人的文化自信程度。

第二节　研究目的与意义

一、研究目的

本书以党的十九大和党的十九届四中全会、五中全会、六中全会精神为指导，以《国家发展改革委关于印发〈服务业创新发展大纲（2017—2025年）〉的通知》（发改规划〔2017〕1116 号）为指引，贯彻习近平总书记系列重要讲话精神，积极响应"打造中国服务新品牌、建设服务业强国"的重大战略，顺应"互联网+"新趋势，抢抓"一带一路""长江经济带""成渝地区双城经济圈"等战略机遇，全面落实重庆市委、重庆市政府"一区两群"的战略部署，围绕将奉节县打造成"渝东北三峡库区山地特色高效农业示范区""全国绿色食品原料标准化生产基地""区域性消费中心城市"的发展目标，对奉节县餐饮发展历史、现状、佳肴、文化、名人名企等进行深入调查、研究，总结经验，发现不足，为奉节县餐饮业发展提出建设性建议，促进奉节县餐饮业发展再上新台阶。

二、研究意义

本书通过对奉节县餐饮业发展的研究，提出相关工作建议，充实理论研究成果，为奉节县政府提供咨政服务，对制定奉节县"十四五"时期经济发展、城市管理、商务服务等规划，优化区域发展格局，促进区域经济可持续发展，具有重要的意义。

（一）充实理论研究成果

多年来，奉节县结合当地实际，出台了多项政策指导、扶持餐饮业发展，成效较好，收到了较多的实际成果。但缺少进行系统化的理论研究和实践总结，导致理论研究成果很少，公开发表的奉节县餐饮系统化研究论文、公开出版的奉节县餐饮研究专著不多。本书将进一步总结实际工作经验，探讨奉节县餐饮业发展创新模式和提档升级的路径，形成一定的理论研究成果，起到充实奉节县餐饮业发展的理论研究成果之作用。

（二）提供咨政服务

本书结合成渝地区双城经济圈建设、乡村振兴战略实施、重庆"一区两群"协调发展、郑万高铁奉节段于2022年投入使用等发展机遇，提出餐饮业发展创新模式和提档升级路径的相关建议，为奉节县政府制定商务发展"十四五"规划、提质发展餐饮业等提供咨询服务。

第三节　研究方法与内容

一、研究方法

本书在对奉节县餐饮业发展情况的研究过程中，结合工作实际和奉节县餐饮行业特点，主要采用了以下方法：

（一）文献研究法

笔者通过查阅《奉节县志》《奉节县统计年鉴》《三峡·奉节地方特色美食精选》《三峡之巅 诗橙奉节》《新唐书》《奉节县非物质文化遗产名录》《奉节非物质文化遗产概览》等古今书籍中关于奉节县餐饮业发展情况的记载以及奉节县政府、县商务委员会有关文件、工作计划、工作总结等，了解奉节县餐饮业发展现状和最新动态，利用网络搜集专家学者已发表的相关文献、公布的研究成果，掌握大量满足研究所需的第一手理论资料，为研究工作奠定坚实基础。

（二）调查研究法

笔者率领团队成员多次深入奉节县奉节大饭店、食神王府、欧庭国际酒店、泰悦酒店、三峡原乡、天怡国宾大饭店、诗城皇廷大酒店、夔锦苑等餐饮企业以及滨江国际商圈和金街、夔门印像美食街进行调研、访谈，实地察看乡镇的种植养殖基地。笔者通过对调查资料的整理、分析，掌握奉节县餐饮业发展现状、特色美食类别、美食文化建设等情况。

（三）比较研究法

为了解奉节县餐饮业发展优势、成效、不足等情况，为后续发展提供政策建议，笔者不仅对奉节县餐饮业发展情况进行了具体研究，还同时选择位于渝东北三峡库区城镇群内体量相当的梁平、云阳、巫溪等区（县），渝东南武陵山城镇群的石柱、秀山等县，大都市区的綦江、荣昌等区，与奉节县餐饮业的营业额、产值、企业数、从业人员、扶持政策、管理机制、商业模式、产业链等指标进行了比较研究。

二、研究内容

2018年4月，中国商业联合会团体标准审定会通过了《现代服务业分类与代码》，明确了现代服务业的内涵，即以现代新技术、新业态和新方式为基础，创造需求，引导消费，向社会提供高附加值、高层次的服务业；将现代服务业分为基础性服务业、生产性服务业、消费性服务业三大类，每类下有若干小类及其业态。笔者及研究团队结合成员专业特长、已有研究基础、成渝地区双城经济圈建设规划、重庆"一区两群"协调发展要求等实际情况，主要对奉节县消费性服务业中的餐饮业进行研究，主要内容包括奉节县餐饮业的发展历史、餐饮业现状、名人名企、美味佳肴、餐饮文化、发展对策，其中餐饮业现状、餐饮文化是研究重点。

（一）发展历史

这部分主要介绍奉节县的发展史、餐饮业的发展史、餐饮历史故事，让人们了解伴随奉节县发展而发展的奉节县餐饮业。不同的人聚集在一起，依靠当地的资源生存、发展、壮大，就形成了城市。不同的城市，其资源、气候等条件不同，自然会影响到餐饮业发展，并形成有地方特色的美食及其文化。因此，要研究奉节县的餐饮业发展情况，就得先了解奉节县的发展历史。

（二）餐饮业现状

这部分内容是研究重点，全面反映奉节县当前餐饮业发展现状，具体包括市场规模与环境、餐饮品牌与荣誉、专业人才与教育、行业管理与规划等内容。

（1）市场规模与环境部分主要研究奉节县餐饮市场繁荣程度、经济贡献、企业数量、规模效应、佳肴体系、市场供应、绿色食材、接待能力、交通情况、旅游设施等内容。

（2）餐饮品牌与荣誉部分主要研究奉节县餐饮业诚信经营、名店打造、品牌研发、楷模引领、技能竞赛等内容。

（3）专业人才与教育部分主要研究奉节县餐饮业专业人才培养、就业人员培训、从业人员规模、行业相互交流等内容。

（4）行业管理与规划部分主要研究奉节县餐饮行业规划、产业链条、管理机制、监管措施、行业自律、特色基地、节能减排、权益保护、行业组织、风味流派、文化建设、活动组织、回报社会、拓展创新等内容。

（三）名人名企

通过本土培育、域外引进，奉节县餐饮企业多达 2 388 家，涉及各类餐饮业态，其中有部分餐饮企业是星级酒店、绿色酒店、中餐特色美食企业，在县内外享有较高名气，如五星级诗城皇廷大酒店、四星级奉节饭店、四叶绿色饭店泰悦酒店等。这部分将重点介绍笔者及研究团队调研到的部分餐饮业的名人名企。

（四）美味佳肴

奉节县 80% 以上为山地地貌，属中亚热带湿润季风气候，绿色自然资源丰富；有 24 个民族，且移民较多，其中奉节县历史上规模最大的一次移民是清嘉庆元年（1796 年），达到 118 854 人。特殊的地理环境、特殊的自然资源、特殊的民族结构、特殊的移民人口等多种因素，催生了不少具有地方特色的美味佳肴，如乡坛子、盬子鸡、食神松果鱼、搭搭面、斑鸠叶凉粉、油醪糟、山峡第一桌等，这些颇具特色的美食，总能让人大快朵颐。这部分将主要介绍有关餐饮企业提供的相关美味佳肴。

（五）餐饮文化

奉节县美食不仅味道鲜美，名扬巴渝，而且文化浓厚，博大精深，有美食方面的诗、歌、赋、馆、书、商标、专利、非物质文化遗产等。能同时具有这么多美食文化内容的县级城市，在全国都比较少。这部分将根据笔者及研究团队调研到的情况，从文化载体角度重点介绍奉节县的特色餐饮文化。

（六）发展对策

这部分在分析奉节县餐饮业发展现状与不足、面临机遇与挑战的基础上，有针对性地提出政策建议，供奉节县政府、商务委员会、餐饮企业、行业组织参考，以期促进奉节县餐饮业高质量发展。

三、研究现状

为了掌握更多第一手资料，笔者及研究团队对已有研究成果进行了搜索、查询，找到了一本专门介绍奉节县美食的书籍——《三峡·奉节地方特色美食精选》，但该书只是展示了部分奉节县美食，而没有系统化研究奉节县餐饮行业的发展情况，也没有对奉节县餐饮文化进行研究，而且该书没有通过出版社公开出版发行。此外，笔者及研究团队还找到了部分与奉节餐饮有关的书籍——《奉节县志》《奉节县统计年鉴》《三峡之巅 诗橙奉节》《新唐书》《奉节县非物质文化遗产名录》《奉节非物质文化遗产概览》，在这些书籍的相关内容中，有对奉节县餐饮业发展总体情况或个别餐饮技艺等进行介绍。在

360 网页中进行以"奉节+餐饮""奉节+美食"为主题的搜索，除了新闻、广告外，没有找到专门的研究论文或研究报告。在中国知网中，以"奉节"为主题进行搜索，找到 2 507 条结果，但以"奉节+餐饮""奉节+美食"为主题进行搜索，均找到 0 条结果。可见，很少有学者对奉节县餐饮业发展情况进行专门的系统化的研究。

四、研究创新与不足

与以往其他研究相比，本书具有以下创新点：

（1）古今结合。既研究了奉节县餐饮业发展历史，也研究了发展现状，且发展现状是研究的重点。

（2）内容全面。不仅研究了餐饮业本身，还研究了与餐饮业相关的种植业、养殖业、加工业、旅游业，有利于促进产业链条的完善。同时，还研究了奉节县美食文化，有利于增强文化自信，这是与其他已有研究不同、最有特色的一个创新点。

（3）对策建议。在发展历史、现状、文化基础上，发现奉节县餐饮业发展的不足和优势，有针对性地提出发展对策与建议。

但因为时间、精力有限，资料收集不够完整，导致本书存在一定的不足，如对奉节县餐饮业发展历史研究不够深入、政策建议不够全面、缺乏高度和前瞻性。

第四节　核心概念界定

一、现代服务业

2018 年 4 月 7 日至 8 日，中国商业联合会团体标准审定会通过了《现代服务业分类与代码》。《现代服务业分类与代码》以国民经济行业分类为基础，采用经济活动的同质性原则，将现代服务业分为基础性服务业、生产性服务业、消费性服务业三类，并进行了具体概念界定。现代服务业是指以现代新技术、新业态和新方式为基础，创造需求，引导消费，向社会提供高附加值、高层次的服务业。它既包括新兴服务业，也包括对传统服务业的改造与提升。

二、商务

360 百科对"商务"进行了广义和狭义的两种解释：广义的商务是指一切

与买卖商品服务相关的商业事务，狭义的商务是指商业或贸易。此外，本书所研究的商务，是指广义的概念，即既包括商品专卖活动，也包括与商品买卖活动相关的各种服务。

三、渝东北三峡库区城镇群

如前所述，渝东北三峡库区城镇群是重庆市政府构建的"一区两群"城镇空间格局中的以万州为中心的一个群，包括万州区、梁平区、城口县、丰都县、垫江县、忠县、开县、云阳县、奉节县、巫山县、巫溪县 11 个区（县），规划面积约 3.39 万平方千米，重点建设长江三峡国际黄金旅游带。

四、餐饮业

关于餐饮业（catering），按欧美《标准行业分类法》的定义，餐饮业是指以商业赢利为目的的餐饮服务机构；在我国，据《国民经济行业分类注释》的定义，餐饮业是指在一定场所，对食物进行现场烹饪、调制，并出售给顾客主要供现场消费的服务活动。随着互联网的发展、新冠疫情的发生，智慧餐厅、网上订餐逐渐增多，线上线下相融合现象较为普遍，因此，本书关于餐饮业概念的界定，是指通过即时加工制作、商业销售和服务性劳动于一体，向消费者专门提供各种酒水、食品、消费场所和设施的食品生产经营行业，是一个较为广义的定义。

五、非物质文化遗产

《中华人民共和国非物质文化遗产法》规定：非物质文化遗产是指各族人民世代相传并视为其文化遗产组成部分的各种传统文化表现形式，以及与传统文化表现形式相关的实物和场所。本书主要是指餐饮的传统文化表现形式，即美食传统制作技艺。

六、塩与罉

《现代汉语词典》① 第 397 页对"塩"与"罉"分别作了解释，塩：①盐池。②不坚固。③停止。罉：烹饪用具，周围陡直的深锅，一般用沙土烧制，也有铁制的，还专门组词"罉子"。此外，《新华词典》② 第 338 页也对"塩"

---

① 中国社会科学院语言研究所. 现代汉语词典 ［M］. 北京：商务印书馆，1995.
② 商务印书馆辞书研究中心. 新华词典 ［M］. 北京：商务印书馆，2010.

与"盬"分别作了解释，盐：①盐池。②吸；饮。③不坚固。盬：盬子，一种周围陡直的深锅，用沙土或铁制成，一般用来蒸煮食物。

从上述词典的解释来看，盬与食物是没有关系的。但民间却用的是盬，且重庆市非物质文化遗产名录中用的也是盬。对于为何用盬而不用盬，2013年还有网友在网上进行讨论。当时，奉节县文化馆馆长张世潮作过解释：在申报非物质文化遗产时考虑到了这个问题的，但由于在当时的输入法下，"盬"字无法拼打出来，为了反映遗产属性，便以老百姓沿用的字为准，选择了"盬"。据竹园汽水盬子鸡非遗传承人常引航讲述，之前已向上面反映过此字为错误事项，并已得到答复，后期可以按程序进行更正。但在未更正之前，本书仍沿用"盬"字。

七、商业委员会、商务局、商务委员会

本书有的地方是重庆市奉节县商业委员会，有的地方是重庆市奉节县商务局，有的地方是重庆市奉节县商务委员会，其实，三者均为重庆市奉节县政府所属的同一个职能部门，负责全县商贸发展、市场体系建设等相关工作，只是不同历史时期的不同名称而已。2001年9月26日，重庆市奉节县商业委员会成立，根据发展需要，商业委员会于2010年更名为商务局，2019年2月，奉节县商务局又更名为奉节县商务委员会，因此，本书根据时间段的不同和该时间段内相应的管理部门名称的不同，分别使用了重庆市奉节县商业委员会、重庆市奉节县商务局、重庆市奉节县商务委员会。

八、竹园与竹元

隶属于重庆市奉节县的竹园镇，位于奉节县西北部，主产水稻、玉米、洋芋、小麦等粮食作物，以猪、羊、牛、家禽为主的畜牧业比较发达，是特色名菜"盬子鸡"的发源地。在日常生活、工作中，人们没有严格区分竹园和竹元，甚至一些政府工作部门也没有严格区分，如曾在竹园粮站工作18年的常引航说，当时的粮站公章全称就是"竹元区粮油管理站"；文化馆申请非物质文化遗产时，也用的"竹元"，就连非物质文化遗产传承人的匾牌也用的"竹元"。所以，为尊重历史，本书在不同地方分别使用了竹园和竹元。

第二章 发展历史

春秋时期著名政治家、思想家管仲曾说："王者以民为天，民以食为天。能知天之天者，斯可矣。"班固在《汉书·郦食其传》中写道："王者以民为天，而民以食为天。"孙中山在《上李鸿章书》中写道："夫国以民为本，民以食为天，不足食胡以养民？"此外，魏武帝曹操的《曹操集·四时食制》、元代画家倪瓒的《云林堂饮食制度集》、北宋著名文学家苏东坡的《菜羹赋》《老饕赋》等，都强调了"食"的重要性。这里的"食"，就是指人们吃的东西，即餐饮。丹青巨匠张大千既爱吃又懂吃，还将菜系以黄河、珠江、长江三江流域分成三个流派。2014 年 5 月，习近平总书记视察新疆，在品尝到新疆的干货时，连连称赞说："新疆有烤馕、抓饭、羊肉串、哈密瓜、葡萄等，咱们有充足的理由说'不辞长作新疆人'。"由此可见，餐饮事关江山社稷、生死存亡，历代帝王将相、文人墨客都对餐饮有过品尝、研究、点评。正所谓"饮食男女，人之大欲存焉"。

但是，在不同的时代，各城市经济基础不同、民族构成不同、宗教信仰不同、生活习俗不同，也就产生了具有不同地方特色的餐饮。

因此，要研究奉节的餐饮业，需要首先了解奉节的历史，包括城市发展历史和餐饮发展历史。

第一节 奉节城市发展历史

重庆奉节县，位于长江上游、三峡库区腹心，东邻重庆巫山县，南接湖北省恩施市，西连重庆云阳县，北接重庆巫溪县，是重庆市的东大门，早在 6 万年前就有先民在此劳动生息。

6 000 多年前，奉节人民就与三峡地区、鄂西南和湘北地区人民共同创造出闻名全国的大溪文化。奉节据荆楚上游，控巴蜀东门，为兵家必争之地。从汉代起至 20 世纪初，奉节为巴东郡、巴州、信州、夔州、夔州府和江关都尉、三巴校尉等治地。在此期间，奉节一直是蜀东政治、经济、文化和军事中心。

夏商时，今奉节为所谓荆、梁二州之域。春秋时为庸国地，后属巴国，战国时属楚国。奉节古称鱼复，秦惠文王更元十一年（公元前 314 年），秦于巴国之地置巴郡，鱼复县随巴郡同置。东汉末，置固陵郡，鱼复县改为巴东郡。东汉建武元年（25 年），公孙述据蜀称帝，在瞿塘峡侧山头筑白帝城（现在的白帝城为奉节县内 4A 级景区，全国重点文物保护单位）。蜀汉章武二年（222 年），刘备夷陵之战后败退白帝城，改鱼复为永安县。西晋太康元年（280 年），恢复鱼复县名。西魏废帝三年（554 年），改鱼复县为人复县。唐贞观二十三年（649 年），为尊崇诸葛亮奉刘备"托孤寄命，临大节而不可夺"的品质，改人复为奉节。明末清初，李自成、张献忠起义军多次转战夔州，张献忠死后，起义军余部组成"夔东十三家"，与清军大战于川东。战乱延续多年，人民迭遭兵焚、饥馑、病疫，出现"村不见一舍，路不见一人"的荒凉景象。清康熙年间，采取轻徭薄赋、免其编审、永不加赋等措施招民垦荒，外省贫民纷纷迁移入川，奉节人口得到较快的恢复和发展。至嘉庆元年（1796 年），奉节增添男女共 118 854 丁口。这就是奉节历史上规模最大的一次移民，而现今大多数奉节人溯祖寻源都是外省移民的后代。康熙六年（1667 年），裁大宁县（今巫溪县）并入奉节县，雍正七年（1729 年），复设置大宁县。宣统三年（1911 年）十月初六，奉节县人民响应辛亥革命，宣布独立。1935 年，川政统一，四川实行行政督察区制，原定第九行政督察区署设在奉节，后改设在万县。

1949 年 12 月 3 日，奉节和平解放。12 月 19 日，成立奉节县人民政府。1950 年起奉节属四川省万县专区，1968 年属万县地区，1992 年属万县市。1997 年 3 月随万县市隶属重庆市，后直属重庆市。

奉节目前有汉、土家、回、藏、苗、满、水、布依、仡佬等 20 多个民族，至 2020 年年底，户籍总人口 105.573 万人，常住人口 74.48 万人，下辖 29 个乡镇（其中有太和、云雾、长安、龙桥四个土家族乡）、3 个街道办事处、1 个管理委员会，有 314 个村、76 个社区，总面积 4 098 平方千米①。

---

① 重庆市奉节县人民政府. 走进奉节 ［EB/OL］. (2022-04-06) ［2022-06-05］. http://www. cqfj.gov.cn/zjfj/.

第二节　奉节餐饮发展历史

奉节县属四川盆地东部山地地貌，县境域内以山地为主，有少量平缓河谷、平坝，北部为大巴山南麓的一部分，东部和南部为巫山和七曜山的一部分，长江横切七曜山形成瞿塘峡。特殊的大山大水孕育出丰富的天然食材，加上一代代奉节人民的辛苦劳动与刻苦钻研，造就了不少名菜、名宴、名点、名小吃、名汤锅及名店、名厨，《奉节县志》《汉书·地理志》《新唐书》等书籍都对奉节县的餐饮发展史有所记载。

清朝道光初年，竹园老林口到岔河子之间的碗厂沟建有碗厂，生产餐饮用碗、钵、盆、罐等土陶器。工人利用当地的白泡沙石和水轮春礁，根据蒸制原理，经过多次试验，发明了一种新的烹饪器皿——甑子。最早是旱甑子，后来为了增加汽量，演变为独眼甑，再到后来便有了三管、四管的汽甑子。当前已有十眼甑、双层甑，最大的可蒸5只鸡、25斤腊肉。甑子的发明，也创新了一道美食——甑子鸡，且一百七十余年来，甑子鸡一直是人们餐桌上的美味佳肴。

20世纪初期，炒钢技术流传到竹园，竹园成为奉节主要钢产地及铁钢主要产地。当时的铁钢、碗等餐饮工具工艺精致，生产兴旺，远销鄂西北的竹溪、房县、襄阳、樊城等地。竹园每逢农历三、六、九为场期，赶场天商贾云集，人流如潮。繁荣的市场，促进了奉节餐饮业的发展，酒楼、茶馆纷纷涌现。

《奉节县志》记载：1943年，县城饮食店（担摊）140户。1949年，饮食店293户，从业人员近500人。1950年，全县饮食业425户，从业人员625人，年销售额14.3万元。1981年，全县饮食业发展到243户，网点187个，从业人员839人，从业人员中国营占22%，集体占54%，个体占24%。1990年年底，全县饮食业发展到827户（回民食店1户），网点850个，从业人员1 345人，其中国营占2.8%，集体占8.4%，个体占88.8%，年销售额539万元，其中个体占57.1%。

20世纪初期，奉节县名特食品精彩纷呈，有匡开秀甑蒸糕、精米笋粉等蒸煮美食，现吃现蒸，易消化；有陈期贵癞克包、张口麻元等名小吃，皮脆里软，甜香可口；有易鸭蛋三合汤，油重味甜，热烙香鲜；有谭烧腊的各种卤菜，卤味好，软硬适度，色浓气香；有舒豆花，佐料齐，味美鲜嫩；有余复太灯影牛肉，选料精，味道好，薄而透明；有野花水饺，馅多皮薄；有刘玉堂甜食，汤圆皮薄馅足；有油酥鲜花饼，远近驰名；有匡赖子粉蒸羊肉，现吃现蒸，麻辣鲜嫩；有赵万益炒霉豆卷，外脆肉软，溢香诱人；有黎大汉酥薄脆，酥、薄、脆、香，入口即化；有邱饼子麻婆豆腐，麻、辣、烫、鲜、香、嫩，色香味俱全；有鲁跛子的烧腊、姚季三的凉面、龚矮子的沙琪玛、大老黄的扁担糕、王世从的羊杂烩汤、许万益的醪糟蛋等特色小吃，老少兼宜，很受人们的青睐。可见，奉节县的餐饮业在20世纪初期就已发展繁盛，品种多样，特色突出。

新中国成立后，在中国共产党的领导下，政府积极关注人民生活，大力发展餐饮事业，奉节县餐饮业得到了大力发展，名菜、名点、名企、名人、营业额等都站上了一个新的台阶，特别是餐饮文化得到了空前发展，是以往任何时期都无法比拟的。这些内容将在第三章的餐饮业现状和第四章的名人名企、第五章的美味佳肴、第六章的餐饮文化中作具体介绍。

奉节餐饮在发展过程中，培育出了不少家喻户晓的名厨，如《奉节县志》第288页记载的陈吉祥、郑昌银、张定喜、金继明。同时，也产生了不少远近闻名的食材市场和餐饮名店，如奉节老县城小东门外下街的米市、大南门的山货市、大西门的水果及生姜市、吐祥禹王宫的大米市、竹园下街的包谷市等食材市场，李良记、茗香斋、黄和尚、女子饮食店、金龙酒家、奉节饭店等餐饮名店。特别是奉节饭店，始建于1939年，距今已有80多年的历史，经历了由私有改为公有再到私有的发展历程，先后以"大江东旅馆""工农兵旅舍"为名。1984年11月11日，经奉节县委县政府批准正式更名为"奉节饭店"，一直沿用至今。只是在20世纪90年代的企业改制过程中，奉节饭店由民营企业重庆飞洋控股集团成功拍得，由公有转为了私有。

就食材而言，奉节最著名的是脐橙。其栽培历史可以追溯到公元前3世纪到公元3世纪的汉代。据《汉书·地理志》载："鱼腹胸忍有桔官"；《汉志》载："柚，通省者皆出，唯夔产者香甜可食"；《新唐书》载："夔州，土贡柑桔"；诗人杜甫寓居夔州时管理过柑橘园并写下"园甘长成时，三寸如黄金"的诗句。重庆市质量技术监督局2002年11月28日批准《柑橘品种·奉节脐橙》地方标准（DB50/68-2002）从2003年1月1日起实施，并由国家质量监督检验检疫总局进行了备案，于2003年2月11日发布了《中华人民共和国地方标准备案公告》（总第38号）。奉节脐橙果皮中厚、脆而易剥，肉质细嫩化渣、无核少络，酸甜适度，汁多爽口，余味清香，荣获农业部优质水果、中国国际农业博览会金奖等荣誉。2009年5月26日，原国家质检总局批准对"奉节脐橙"实施地理标志产品保护。

奉节县拥有"竹园盐子鸡传统制作技艺""斑鸠叶凉粉传统制作技艺""夔州老腊肉传统制作技艺""郭家沟老白干酿造制作技艺""奉节搭搭面制作技艺""夔州泡菜制作技艺"6项市级非物质文化遗产，另有"杜甫晒枣"等县级非物质文化遗产。这些非物质文化遗产，不仅见证了奉节餐饮业的发展历史，也成为奉节餐饮文化的重要载体。

第三节　奉节餐饮历史故事

奉节餐饮发展历史悠久，且有刘备等帝王及李白、杜甫、刘禹锡等诗人在奉节居住，因此产生了不少餐饮相关的有趣故事，既成就了不少名菜，也丰富了奉节餐饮文化。

一、住店老者偷窥

很久以前，在竹园老街的斜上坡处，有两位老人经营了一家搭伙小店，方便南来北往的乡客住店或搭伙（乡客可煮饭、热饭）。有一天，店中只留宿了一位年长的远乡客，店主老头对他的老太婆（妻子）说："今晚客人少，又不忙，炖点猪肉粉条吃嚓。"老太婆照办，准备鸡子、腊肉、现粉（竹园土语，指现在的苕粉），熬炖好后，飘香四溢，住店的客人老者，从板壁缝中闻香叹道："我在家，就好了嚓！"（意思是我也有老婆，也可以炖鸡子腊肉粉条）于是，店主老头说："老太婆，今晚只一个客，给他舀一碗。"老太婆同样照办了。晚饭后睡觉时，店主老两口吃了美味的晚餐，兴趣盎然，便打情亲昵……住店老者从板壁缝偷窥到了，又在隔壁感叹道："哎呀！我在家就好了嚓！"店主老头一听，生气地吼道："你睡得就睡，挺得就挺（竹园土话，挺瞌睡，贬义词，指死了的人直挺挺地睡着），这个就不是那鸡炖现粉。"由此可见，鸡子腊肉炖粉条，不仅历史悠久，而且营养丰富。

后来的竹园盐子鸡就是在鸡子腊肉炖粉条的基础上，通过改变烹饪方法、用具、辅料发展而成的。

二、龚绍虞写鸡诗

竹园区平安乡，有一位大户人家，主人叫龚绍虞，他对竹园盐子鸡情有独钟，每个月都要吃两次盐子鸡，真是难得的奢华。龚绍虞不仅经常品味竹园盐子鸡，他还对竹园盐子鸡的主料、辅料、配料及蒸制过程，颇有研究，见解独特。他提出鸡要用没开叫的，即子鸡公，没伤元气。而且他在 35 岁时根据吃盐子鸡的经验，于光绪年间写了一首赞美盐子鸡的诗：

鸡不开叫腊肉香，

大头萝卜配生姜，

不用生水自有水，

文武火用小火长。

骨肉相离最适味，

阴阳相调最壮阳。

龚绍虞的诗把竹园盐子鸡的原辅材料、工艺流程、营养价值，都一语道破，这是竹园盐子鸡唯一被文字记载的诗。

三、赵紫阳吃紫阳鸡

曾经有一段时间，竹园盐子鸡在民间被更名为紫阳鸡，现在网上都还能查到紫阳鸡的提法。传说是因为时任总书记赵紫阳在竹园吃了盐子鸡，觉得味道好，赞赏有加，人们便将其改名为紫阳鸡。其实，竹园盐子鸡非遗传承人常引航采访过至今健在的时任竹园区副区长龙显仕、时任奉节县委办公室主任刘尚珍，证实赵紫阳两次到竹园均未吃过盐子鸡。

据常引航采访得知，赵紫阳任四川省委书记时，视察工作到过竹园，但只午休未吃饭；赵紫阳当总书记时，曾视察三峡，从奉节至竹园到巫溪再从小三峡到巫山，此次也没有吃过竹园盐子鸡。但是他的夫人和儿子头天先到竹园，竹园区公所的厨师李书平，精做汽水盐子鸡，予以款待，夫人和儿子一行吃后甚是赞美。时任奉节县委书记何事忠知道后，便把竹园盐子鸡说成"紫阳鸡"（应该是受子阳鸡的启发，并想以此加大推广力度），于是一传十，十传百，紫阳鸡便流传天下。可见，紫阳鸡并不是因为赵紫阳吃盐子鸡后而改名的，赵紫阳与紫阳鸡并无直接因果关系。

（注：上述三个与盐子鸡有关的故事，由竹园盐子鸡非遗传承人常引航提供。不过，唐东升本人也采访过现任重庆市奉节县商务委员会倪亮副主任，据他了解，赵紫阳第二次到竹园时，吃过竹园盐子鸡。因此，赵紫阳是否吃过竹园盐子鸡，我们在调研过程中，没有得到定论。）

其实，早在公元 24 年，就有"子阳鸡"了。西汉末年，公孙述（字子阳）割据四川，称蜀王，东巡到夔州（今重庆奉节）时，御厨搜遍川东民间美食以满足蜀王口腹之好。当其把奉节当地的家常菜"干蒸旱鸡子（又叫盐子鸡）"敬献给蜀王时，大受褒奖，并赐名"子阳鸡"。

四、杜甫晒枣

杜甫在夔州一所破旧的草堂寓居期间，一天深夜，他正为国家内乱而忧虑，加之当时贫病交迫，不免感慨万分。忽然睡在身边的妻子杨氏用胳膊推了推他，轻轻地对他说："你听，外边有响动。"

杜甫侧耳听了一会儿，果然听到草堂外有动静。于是，他悄悄地下了床，将帘子拉开，见枣树下依稀有个人影在晃动。杜甫轻轻地走了过去，仔细一看，原来是一个老妇人在用竹竿打树上的枣子。这老妇人每打落几个枣子，便用手在地上乱摸乱寻，捡到了枣子，就连忙塞进嘴里囫囵咽进肚里，看样子是几天没有吃饭了。杜甫没有惊动她，折身回到了屋内。

杨氏问："有人吗？"

"有个老妇人在打枣子。"

"这么深更半夜来打枣子吃，怕是饿坏了！"杨氏说，"桌上还留有一碗菜粥，我去端给她充充饥吧。"

杨氏边说边穿好粗布衣裙，端起碗就往外走。杜甫也随手取衣披上，跟了出来。

那老妇人见有人来了，便扔下竹竿，跌跌撞撞地朝外跑。杨氏轻声唤她："老嫂子，请留步。"

老妇人见来者好声好气并无恶意，也就喘着气停下了脚步。惨淡的月光下，杜甫见老妇人瘦骨嶙峋，衣不蔽体，顿时大动恻隐之心，忙解下披在自己身上的衣服，搭在老妇人的肩上。杨氏又把一碗菜粥递了过去，让老妇人吃了。老妇人顿感一阵温暖，望着杜甫夫妇，老泪纵横……

当杜甫问起老妇人的身世时，老妇人哭道："我就在草堂西边那间草棚子里住。丈夫和儿子早被官军拉去当苦力，至今不知死活……现如今我无依无靠，只有靠挖野菜糊口度日。这几天因挖不到野菜，饿得实在不行了，才来偷枣子……"

杜甫说："老嫂子，快别说'偷'字了，这枣你要吃就打吧！"

杨氏也关切地说："以后你白天来打吧，半夜三更的，可不要跌倒了。"

老妇人千恩万谢地离去了。杜甫和杨氏默然回屋，点起小油灯，再也无法入睡。

转眼一年过去了，杜甫全家买舟东下。临行前，杜甫找来老妇人，对她说："我走后，新来的主人姓吴名南卿，是我的好友，我已嘱托过他，你还是可以照样来打枣！他不会为难你的！"

老妇人感激地点点头，真有千言万语要说，但却无从开口。她朝杜甫拜了三拜，默默地祝愿恩人全家一路平安……

谁知杜甫走后，吴南卿不但没有按杜甫的嘱托办，反在草屋周围筑上了高高的篱笆。

杜甫得知此事后，特意写了一首题为《又呈吴郎》的诗："堂前扑枣任西邻，无食无儿一妇人。不为困穷宁有此？只缘恐惧转须亲。即防远客虽多事，便插疏篱却甚真。已诉征求贫到骨，正思戎马泪盈巾。"吴南卿读后，马上领悟到杜甫的良苦用心，这首诗既表达了对老妇人哀怜的感情，又抨击了不平的社会以及战争引来的灾难。他顿觉羞愧不已，忙叫人拆除篱笆，并亲自去老妇人家赔礼道歉。

几个月后，吴南卿离开夔州回到忠州。临走那天，他把草堂收拾得干干净净，请老妇人住进来。吴南卿说："遵照杜公的意思，我走后，这草堂便是你的了。那棵枣树望悉心照料，杜公最喜爱吃枣，说不定哪一天还会来！"

从此，老妇人晚上施肥，早上浇水，枣树越长越粗，枣儿越来越甜。老妇人非常怀念杜甫，每逢收枣，她都要精选一批饱满的、颜色好的枣子，摊在草席上让太阳晒干，然后用蜜水浸泡数日再捞起来风干后，贮藏在坛子里。

一天天过去了，一月月过去了，枣坛一只只增多，杜甫却一直没有回来。但老妇人贮藏枣子的方式被流传了下来，也就是后来的杜甫晒枣。

1984年，四川省巴县木洞（今重庆市巴南区）人张礼信作为人才被引进奉节，其组织开发了"夔州牌"杜甫晒枣产品，生产当年就荣获"四川省优质产品"称号，第二年又获得商业部"部优产品"称号。但在1993年，由于企业改制等，奉节县糖果厂关停并转，张礼信离开奉节，之后杜甫晒枣就没有专业化生产了。

[注：该故事根据《奉节非物质文化遗产概览》（张世潮主编）和《古代诗人逸闻趣事之杜甫轶事2》编写。]

五、鲍超赐汤

同治六年（1867年），清将鲍超（今重庆奉节人）率霆军在湖北永隆河攻打东捻军，建功后反被李鸿章诬陷，一怒之下便称病告老还乡。鲍超回到奉节后，积郁成疾，不思茶饭，家人十分着急。当地一厨师见状，以河鲜、野菌、青笋等为原料制成汤剂，鲍超吃后胃口大开，精神顿爽，便赐该汤为"鲍氏养生一品锅"（见图2-1）。目前，川东一锅等餐饮企业仍在经营该汤锅。

图 2-1　鲍氏养生一品锅

六、李白吃水煮鱼

公元 757 年，唐代诗人李白（字太白），因永王李璘兵败被杀而以附逆罪被逮捕，幸亏郭子仪在唐肃宗面前替他说好话，才未被腰斩而改判为流放。公元 759 年，李白困居夔州（今重庆奉节）白帝时，曾在江边游走，时而仰天长叹，时而絮絮低语，从早到晚不肯离去。江边渔者见状，便以江水煮鱼招待李太白。李太白看到清清淡淡的水、活蹦乱跳的鱼，一经组合，便成美味，就觉得人生也应该在淡然中求真，在平凡中树业，一时心境大开，便高高兴兴地回去睡觉了。第二天，李太白便收到了因涉嫌参与永王李璘乱军的赦免令，奉诏回京。李太白在顺江东下回京途中，不但诗意大发，挥笔写出了"朝辞白帝彩云间，千里江陵一日还。两岸猿声啼不住，轻舟已过万重山"的绝世名诗，还常吃水煮鱼，把水煮鱼技艺传至三峡流域。从此，太白水煮鱼（见图 2-2）成为三峡流域的一道美味。

图 2-2　太白水煮鱼

七、爵爷烧鸡公

清将鲍超，曾任浙江、湖南两省提督，钦赐一等子爵，又称鲍爵爷，其生性刚烈，饮食尤重麻辣，家厨费尽心机，百般烹饪，但仍不能让他满意。

一天，厨子闷闷不乐地坐在厅前，拿着一根棍子不时敲打地面，苦苦思索做一道什么好吃的菜让鲍爵爷高兴。但散放的土鸡在厅前叽叽喳喳叫个不停，厨子听得心烦，便将手中木棍朝鸡摔去，不想打死了一只公鸡，这可把厨子吓坏了，生怕爵爷知道了要挨打。于是厨子一不做二不休，把死去的公鸡去毛剖腹洗净切块，配上花椒、辣子、芹菜等，翻炒生烧好后，端给爵爷佐酒。不想爵爷吃后觉得麻辣鲜香，十分爽口，便命令厨子逢客必做这道烧鸡公。烧鸡公相传至今，已成名菜，深受食客喜爱。

八、杜甫喝养生粥

杜甫流寓夔州（今重庆奉节）草堂时，生活困顿，年老体弱，吃无好食，饮无好酒，除了鱼之外，就是野菜伴粥。但谁知常年喝粥吃野菜，竟让一代诗圣病除体健，身体一天比一天好。杜甫流放期满回朝，皇帝一见大惊，就问杜甫：夔州乃穷乡僻壤，你一日三餐吃的什么呀？杜甫回答：山珍（野菜）养颜，龙汤（稀粥）养身，我焉得不健！皇帝弄明白他常吃野菜、常喝稀粥后，不由感叹道：爱卿，你客居夔州，天天山珍，顿顿龙汤，真神仙也！神仙是喝了粥把身体养好的，故该粥成了食神养生粥（见图2-3）。至今，奉节县食神王府仍有食神养生粥售卖。

图 2-3　食神养生粥

九、刘备定国菜

相传在三国时期，刘备、关羽、张飞结义于桃园，祭拜天地，于桃园痛饮一醉。其间，有个姓张的厨子负责烹饪，他有一手绝活就是炭火烤鱼，醇和味美、鲜上加鲜！刘备等大喜，即命厨子烤鱼。酒肉过后，刘备精神大振，挥刀盟曰："汝等烹饪有佳，当记头功。"刘备登基后，便定烤鱼为蜀国国菜。刘备白帝城托孤期间，将此烤鱼技艺带至奉节，代代相传，演化成今天的夔州烤鱼。

（注：上述五、六、七、八、九故事及图片均选自2013年奉节县商务局、奉节县餐饮商会编写的"三峡·奉节地方特色美食精选"。）

十、桡夫子烟熏鱼

桡夫子一般都是以船为家，常年在江边捕鱼，鱼多了，就把鱼放在大礁石上晒干，做成鱼干。后来，他们因为思念老家的腊肉，就想把鱼也做成腊肉的味道。于是，他们把半干的鱼像做腊肉那样进行腌制，然后再用烟熏，但因为河边没有柏树枝，只好用黄金叶和黄栌子叶代替，即用燃烧黄金叶和黄栌子叶的烟来熏腌制后的鱼干。后来，人们发现这样做出来的鱼，不但有腊肉的香味，还依然保持着河鲜的美味，便将其称作"桡夫子烟熏鱼"（见图2-4）。时至今日，三峡原乡餐饮店仍在经营这道美味。

图2-4　桡夫子烟熏鱼

十一、乌云顶飘雪

古代夔州人，每到冬至这一天，都要看看河对岸的乌云顶是否下雪。因为他们凭经验得出：如果乌云顶下雪了，这个冬天的晴天就多；如果没有下雪，就暗示这个冬季十分寒冷。因此，在冬至到来的头天晚上，他们都要将屋顶的苕渣球弄下来，做一顿苕渣饭吃，希望冬至飘雪，以避免寒冷。苕渣乌黑乌黑的垫在下面，白米饭放在上面，形象地表现出"乌云顶飘雪"。目前，三峡原乡餐饮店有"乌云顶飘雪"（见图2-5）这道美味出售。

图 2-5　乌云顶飘雪

十二、鲍爵爷吃鸡仔

传说鲍爵爷在战场上受了箭伤，每逢天气转换之时，就会疼痛难忍。他回到奉节后，在老家安坪的田园中种植脐橙，并在脐橙林中养鸡。那些鸡子喜欢在脐橙树下吃虫子。一天，他家的长年来给鲍爵爷报告，说那些鸡把那一片脐橙林破坏得不像样子了。鲍爵爷随口说道："那就把鸡仔杀了吃掉。"长年说："鸡还那么小，杀了可惜！"鲍爵爷说："小鸡的营养好！"长年回到安坪后，果真把小鸡仔杀掉，并全部送到鲍公馆。鲍爵爷就叫厨房里做一些不同味道的鸡仔。时间长了，他身上的伤好了，天气转换时身上也不痛了。于是，鲍爵爷就叫下人们专门饲养小鸡仔，鸡仔小的时候就吃脐橙林中的虫子，稍微大一点，要对脐橙林造成危害的时候，就镣了吃肉。后来，这种半大的小鸡就被人们叫做"爵爷鸡"，而用此类鸡做成的菜就叫"鲍门爵爷鸡"（见图2-6）。

图 2-6　鲍门爵爷鸡

"戊戌六君子"中的刘光第到达奉节，听说鲍爵爷大兴土木、胡吃海喝的事情后，写了一首诗："将星耿耿钟夔岳，世局艰难待枕戈。臣子伤心在何处？圆明园外野烟多。"劝鲍爵爷不要忙于个人享乐，应该枕戈待旦。

（注：上述十、十一、十二故事及图片均由三峡原乡餐饮店提供。）

十三、老妇人授技

相传在蛮荒时代，渝东北山区土地贫瘠，十年九旱，其中一年是大涝。山区百姓衣食无望，苦不堪言，加之瘟疫横行，如黄肿病、干疮、大脖子病、鼠疫、百日咳等病害时时困扰着山民，所到之处，积贫积弱，饿殍遍野……有一天，距长江南岸七十千米的花剪村突然来了一位老妇人，鹤发童颜，慈眉善目，她手里拄着木拐杖，来到一户人家讨水喝，主人见是一位老妇人，连忙让座倒茶。老妇人歇了一大阵不走，主人一见心里着急，慢腾腾不好意思地说道："这位奶奶，趁你还走得动，快点赶路去吧，我家日无逗鸡之米，夜无鼠耗之粮，实在没有东西给老人家充饥呀！"老妇人笑了笑说："我马上就走。"临走时，老妇人对主人说："芸芸众生，大难临头，我想帮你们一把，不知你走出困境后愿意去帮其他的人不？"主人连忙答应："愿意，愿意！"话音刚落，只见老妇人把手中的拐杖插入院中地坝，把没喝完的茶水浇在拐杖上，顿时拐杖发出嫩枝新芽，霎时间满院都长满绿油油的树丛。主人惊诧不已，问有何用？老妇人说："它能救你们性命，防饥饿、防瘟毒。"老妇人说完就细细传授制作秘技。传授完毕，老妇人笑着说："我还要把这些树种一些在岩石上，当你们能爬到岩石上去采树叶时，你们的生活就有希望了。"说完，一片白云飘来，老妇人不知去向……

老妇人走后，主人便开始采摘院中树叶，并按老妇人传授的方法开始劳作。之后，主人不但解决了自己的温饱，还按照老妇人的意愿对外传授秘技，帮助他人走出困境。

由于原料树叶形似斑鸠鸟的尾巴，便称其为斑鸠叶；而做成后的美食形如凉粉，入口滑爽清香，因此被称为斑鸠叶凉粉。斑鸠叶凉粉具有清热解毒、防瘟症、助消化之功效，目前常常出现在一些豪华的酒店宴席上，而且价格是黄豆豆腐价格的 2.5 倍左右。其独特的制作技艺，于 2016 年被重庆市政府列为第五批市级非物质文化遗产。

（注：上述故事选自张世潮主编的《奉节非物质文化遗产概览》。）

第三章　餐饮业现状

奉节县餐饮业不仅在历史上盛极一时，而且至今健康兴旺。改革开放后，市场经济助推各类经济飞速发展，奉节县餐饮服务业的发展更是日新月异。特别是奉节县委县政府积极贯彻党的十九大精神和习近平新时代中国特色社会主义思想，以服务民生、促进发展为总则，以安全、卫生、营养、健康为目标，统筹规划布局，强化管理规范，优化行业结构，加强传承创新，促进产业联动，推进行业便利化、规范化、品牌化、特色化、规模化发展，逐步形成各类餐饮业态互为补充、高中低档协调发展、县内外企业相互融合、地方特色鲜明、大众化餐饮较为普及的现代化餐饮业发展新格局，为奉节县经济发展、群众生活水平提高、餐饮文化传承与创新作出了积极贡献。餐饮市场上，奉节饭店、食神王府、诗苑酒店、田园牧歌、三峡原乡、盬子鸡汤锅、天怡国滨、碗碗香姐妹菜馆、瞿塘峡长江鲜鱼庄、资味豆坊、魏罐罐等本土餐饮品牌脱颖而出，县外名店皇廷大酒店、小八仙、乡村基、之香唐等强势入驻，宴席、火锅、汤锅、小吃、海鲜、烧烤、快餐、江湖菜、养生菜等业态种类齐全，形成了百花齐放的局面。同时，奉节县注重餐饮产业链建设，推动产业融合发展，与餐饮业相关的旅游、住宿、交通、种植养殖等产业也并驾齐驱，此外奉节县加强食品安全监管，提倡诚信经营，有效地促进了餐饮业的健康发展。截至2020年12月30日，奉节县全县有中华餐饮名店1家、五星级酒店1家、四星级酒店2家、四星级标准酒店3家、国家金叶级绿色饭店1家、四叶绿色饭店2家、中餐特色美食企业3家、星级农家乐151家、餐饮企业2388家，"十三五"期间实现了年均20亿元的营业额。

第一节　市场规模与环境

近年来，奉节县紧紧围绕全域旅游统领做文章，积极推动商贸、旅游、文化深度融合发展，创新"电商+旅游+餐饮+购物+休闲观光+娱乐"的新模式，取得了较好成效。在餐饮方面，奉节县大力打造三峡特色菜系、万重山诗酒等餐饮品牌，丰富"三峡第一桌"主题美食，推出夔府宴、夔府菜、夔府名小吃等

图 3-1 《消费主张》节目截图

特色美食，完善餐饮基础设施建设，积极推进"厨房革命"，贯彻落实食品安全国家标准，逐步完善产业链条，餐饮市场规模不断扩大，餐饮环境不断优化，于 2019 年成功创建国家级美食地标城市。央视一台《中国味道》、央视二台《消费主张》（见图 3-1）、央视四台国际频道《美食中国》、央视十台《中国影像方志》和《味道》、珠海台《ZHTV 食客准备》、重庆都市频道《为你喝彩》等电视栏目与《生活百科》《重庆日报》等书报、搜狐和百度等互联网平台都对奉节县的餐饮业及美食肴馔进行过报道。

一、餐饮市场繁荣，经济贡献突出

奉节县委县政府高度重视餐饮业发展，充分利用当地丰富的食材、烹饪工艺、人力资源，通过系列措施积极培育星级酒店、中餐特色美食企业、绿色饭店、绿色农家乐等品牌企业，大力打造盬子鸡、三峡第一桌等三峡特色菜系，努力发展海成金街、夔门印像、天佑三大美食街区，积极培育、引进餐饮企业，形成了繁荣的特色餐饮市场，促进了地方经济发展。

根据调研数据显示：2016 年、2017 年、2018 年、2019 年、2020 年，奉节县餐饮业营业额分别达 16.24 亿元、19.18 亿元、21.25 亿元、21.72 亿元、23.44 亿元，占奉节县地区生产总值比重均在 7% 以上，对地方经济贡献突出。特别是 2020 年，为减少新冠疫情影响，奉节县委县政府出台系列政策，激发消费潜力，支持餐饮业发展，餐饮业仍然保持了 7.92% 的增长速度。有关餐饮业营业额的相关指标如表 3-1 所示。

表 3-1　奉节县餐饮业"十三五"期间营业额统计

年份	餐饮业营业额/亿元	比上年增长/%	地区生产总值/亿元	餐饮业营业额占地区生产总值比重/%
2016	16.24	18.1	214.95	7.56
2017	19.18	18.1	247.55	7.75
2018	21.25	10.79	273.13	7.78
2019	21.72	2.21	303.42	7.16
2020	23.44	7.92	323.14	7.25

注：营业额数据由奉节县商务委员会提供，地区生产总值由奉节县统计局提供。

二、餐饮企业云集，规模效应显现

奉节县积极依托文化、旅游、物产等资源优势，因地制宜，突出特色，积极引进全国知名连锁酒店，培育本土品牌酒店，大力支持企业创建绿色饭店，鼓励有条件的乡镇结合乡村旅游大力发展农家乐，引导餐饮住宿业集聚化发展，引进、培育了诗城皇廷大酒店、奉节饭店、鑫鼎假日酒店、食神王府、欧庭国际酒店、天怡国宾大饭店、泰悦酒店、三峡原乡、白帝城大酒店、夔门鲜鱼庄、沈家洪城老火锅、舒家大院老火锅、野生菌养生汤、平风小吃、沙县小吃、两岸烧烤城、新疆阿达西烤吧、乡村基、德克士、寨子农家乐、吉根农家乐、脐橙生态农家乐、夔凤酒业、蜜雪冰城等 2 388 家餐饮企业。其中，按服务主体分，有饭庄、酒家、酒楼、餐馆、餐厅、小吃店、快餐店、面馆、饮品店等；按消费层次分，有便利型大众餐饮市场、高档型餐饮市场、气氛型餐饮市场；按消费内容分，有经营中餐、西餐、火锅、自助餐、快餐、小吃、冷饮等的企业。奉节县建立起种类齐全、层次分明、特色突出、服务规范、设施完善、安全卫生的餐饮服务网络体系，形成荟萃中外美食的环境优良、转型有序、结构合理、治理有效的餐饮业发展新格局，为当地居民和外来游客的高品质生活提供了保障。随着夔门印像、天佑美食街的一步步完善，奉节县的餐饮企业将逐渐增多，进一步为地方经济发展带来规模效应。下面将分类展示位于奉节县主城区，在当地比较有名气、有特色的部分企业外观图景。

1.大中型酒店类餐饮企业

奉节县部分大中型酒店类餐饮企业外观图景见图 3-2、图 3-3、图 3-4、图 3-5、图 3-6、图 3-7。

图 3-2　五星级酒店——诗城皇廷大酒店

图 3-3　四星级酒店、金叶级绿色饭店、中餐特色美食企业——奉节饭店

图 3-4　四星级标准酒店、四叶绿色饭店、中餐特色美食企业——泰悦酒店

图 3-5　四星级标准酒店、中餐特色美食企业——欧庭国际酒店

图 3-6　四叶绿色饭店——天怡国宾大饭店

图 3-7　让人望得见山、看得见水、记得住乡愁的三峡原乡餐饮名店

2. 火锅类餐饮企业

奉节县部分火锅类餐饮企业外观图景见图 3-8、图 3-9、图 3-10、图 3-11、图 3-12、图 3-13、图 3-14、图 3-15。

图 3-8　舒家大院老火锅　　　　　图 3-9　宾传鲜菜老火锅

图 3-10　沈家洪城老火锅

图 3-11　双禧堂鲜菜火锅

图 3-12　正火哥精品老火锅

图 3-13　东巴汉子火锅

图 3-14　何王氏串串香火锅

图 3-15　楠火锅

3. 汤锅类餐饮企业

奉节县部分汤锅类餐饮企业外观图景见图 3-16、图 3-17、图 3-18、图 3-19。

图 3-16　野生菌养生汤

图 3-17　野山菌汤锅旗舰店

图 3-18　藕王养生汤

图 3-19　鑫怡汤锅养生汤

4. 烧烤类餐饮企业

奉节县部分烧烤类餐饮企业外观图景见图 3-20、图 3-21、图 3-22、图 3-23、图 3-24、图 3-25。

图 3-20　阿喜烧烤

图 3-21　两岸烧烤城

图 3-22　嗨辣小龙虾海鲜烧烤　　　　　图 3-23　豪洋烤鱼烧烤

图 3-24　醉香串烧烤　　　　　　　图 3-25　王记小烧烤

5. 小吃类餐饮企业

奉节县部分小吃类餐饮企业外观图景见图 3-26、图 3-27、图 3-28、图 3-29、图 3-30、图 3-31。

图 3-26　平凤小吃　　　　　　　图 3-27　羊儿山美小吃

图 3-28　莱得快酸辣粉　　　　　　　图 3-29　鸡汁米线

图 3-30　姜鸭面　　　　　　　　　图 3-31　龙记山城汤圆

6. 水产类餐饮企业

奉节县部分水产类餐饮企业外观图景见图 3-32、图 3-33、图 3-34、图 3-35、图 3-36、图 3-37、图 3-38、图 3-39。

图 3-32　兄弟香辣蟹　　　　　　　图 3-33　彭记小龙虾

图 3-34　皇上皇龙虾大咖

图 3-35　现做鲜鱼馆

图 3-36　夔门鲜鱼庄

图 3-37　瞿塘峡鲜鱼庄

图 3-38　老哥门肥肠鱼

图 3-39　袁氏鱼馆

奉节县位于长江边上，水质、气候等适宜水产养殖，因此，奉节餐饮业中专门从事水产经营的餐饮企业较多，水产美食也不胜枚举。

7. 快餐类餐饮企业

奉节县部分快餐类餐饮企业外观图景见图3-40、图3-41、图3-42。

图 3-40　华莱士　　　　　图 3-41　乡村基　　　　　图 3-42　德克士

8. 饮品类餐饮企业

奉节县部分饮品类餐饮企业外观图景见图 3-43、图 3-44、图 3-45、图 3-46、图 3-47、图 3-48。

图 3-43　超级喵的茶　　　　　　　　图 3-44　灯泡咖啡

图 3-45　三鲜冰粉　　　　　　　　图 3-46　蜜雪冰城

图 3-47　豆吉汤圆奶茶　　　　　　图 3-48　茶素素·果冻鲜奶茶

9. 域外引进特色餐饮企业

奉节县部分域外引进特色餐饮企业外观图景见图 3-49、图 3-50、图 3-51、图 3-52、图 3-53、图 3-54、图 3-55、图 3-56。

图 3-49　新疆阿达西烤吧　　　　　　图 3-50　北疆羊肉串

图 3-51　守柴炉烤鸭　　　　　　图 3-52　湖南酱板鸭

图 3-53　沙县小吃　　　　　　　　　　　图 3-54　长沙臭豆腐

图 3-55　大邱里炸鸡　　　　　　　　　　图 3-56　韩味哆韩式炸鸡

三、烹饪技艺独特，自成三峡菜系

奉节地处长江三峡库区腹心，属高山气候，盛产土鸡、土猪、山羊、土豆、玉米、山药、党参、天麻、牛膝、大黄、贝母、黄芪、山楂、金银花、斑鸠草、芍药等绿色食材、药材。奉节心灵手巧的人民及餐饮行业的能工巧匠，在奉节县商务委的领导下，在奉节县餐饮商会的带领下，充分利用当地丰富的绿色食材和部分外地引进的特色食材，以味为核心，以养为目标，通过认真选料、合理搭配，加上精细刀工和精心烹调，创造、开发出了盐子鸡、高山老腊肉、干烧羊蹄、太白水煮鱼、夔州烤鱼、夔州凤爪、酸汤肥牛、杜甫带鱼、食神松果鱼、三峡烧鸡公、草船借箭、牛肉格格、夔州无渣火锅、农家合渣、酸水土豆片、搭搭面、汀来泡菜、党参冬菇瘦肉汤、党参土鸡汤、松树菌鲜肉汤、山药排骨汤、萝卜羊肉滋补汤、南瓜绿豆清暑汤等中餐、火锅、小吃、营养汤，形成了奉节特色美食及其独特的烹饪技艺。其中，特色美食涵盖中餐宴席、麻辣火锅、清淡汤锅、鲜香烧烤、美味海鲜、特色小吃、方便快餐、清凉冷饮等，具有色、香、味、形、质、滋、养等特点；烹饪技艺包括炒、熘、炸、爆、蒸、烧、煮、焖、煸、炖、淖、卷、煎、炝、腌、卤、熏、拌、酿等，各种技艺都包含有较高的技术性和艺术性。多样的肴馔和独特的烹饪技艺，既继承、发扬了川菜、渝菜的精髓，同时又独具奉节地方特色，还兼具土家、回、藏、苗、满、水、布依、仡佬等 20 多个少数民族的美食风味，形成了三峡特色菜系。特别是最能代表三峡特色菜系的"三峡第一桌"，展示了150 余道奉节特色菜品，包括肥而不腻的纤夫烧肉、精美诱人的艺术冷拼、香酥可口的糯米鸡、非遗美食盐子鸡等，令人回味无穷、赞不绝口，并被主流媒体多次报道。三峡菜系中，常见的主要美食类别如图 3-57、图 3-58、图 3-59、图 3-60、图 3-61、图 3-62、图 3-63、图 3-64 所示。

图 3-57　宴席

图 3-58　火锅

图 3-59　汤锅

图 3-60　烧烤

图 3-61　海鲜

图 3-62　小吃

图 3-63　快餐

图 3-64　冷饮

四、食材来源广泛，市场供应充足

奉节餐饮业所需食材，不仅有众多当地生产的绿色食材，还有国内外购进的特色食材。食材供应渠道广泛、种类繁多，保障了餐饮业发展对食材的需求。

奉节属四川盆地东部山地地貌，长江横贯中部，山峦起伏，沟壑纵横；县境属中亚热带湿润季风气候，春早、夏热、秋凉、冬暖，四季分明，无霜期长，雨量充沛，日照时间长。特殊的地理位置和高山气候，为奉节餐饮食材的种植、养殖带来了便利，促进了优质绿色食材的生长、培育，为餐饮业的发展提供了"天时""地利"的条件。

在奉节县委县政府的领导下，奉节相关职能部门和奉节人民立足奉节本地资源优势，充分利用良好的地理位置和生态环境，以绿色为主线，有机组合自然资源和生态资源、特色农业资源，开发种植与养殖基地，集中优势打造"绿色食材"品牌，为奉节县及周边区域餐饮产业的发展提供了强有力的资源保障，为餐饮业的发展提供了"人和"的条件。

目前，奉节县已建成脐橙种植基地、葡萄种植基地、蔬菜种植基地、食用菌种植基地、大鲵养殖基地、种猪繁殖基地、黑山羊养殖基地等种植、养殖基地近 20 个，仅长凼村农业观光园就建成梨园 110 亩（1 亩 ≈ 666.67 平方米，下同）、蔬菜园 150 亩、食用菌示范园 60 亩、葡萄园 300 亩。奉节县出产的食材原料中，有稻谷、小麦、大豆、玉米、花生、红薯及其加工后的大米、面粉、面条、土豆片、豆腐等农作物食材，有高山萝卜、高山土豆、高山辣椒、高山白菜、高山花菜等蔬菜类食材，有肉鸽、猪、牛、羊、兔、鸡等畜禽类食材，有山药、党参、天麻、牛膝、大黄、贝母、枸杞、黄芪、山楂、金银花、斑鸠草、芍药等中药类食材，有养殖的中华鲟、大鲵、冷水鱼等水产类食材，有樱桃、脐橙、夔柚、柑橘、葡萄、脆李等水果类食材，有野生菌、刺老包、地木耳、蕨菜、野葱、洋荷等 40 余种野菜，部分基地及食材原料如图 3-65 所示。

特别是稻谷和小麦，是居民日常生活的主要食材。早在 2012 年，奉节县就建成了由 16 个村、83 个社、3 100 户农户参与的，面积达 10 100 亩的"农业部小麦万亩高产创建示范片"；2021 年，奉节县水稻种植面积超 17 万亩，产量达 8 万吨，尤其是位于海拔 700 米左右的红土乡所种植的稻谷，由于光照充足、雨水充沛，加上土壤肥沃且富含硒、钾等微量元素，不仅产量高，而且颗粒饱满，去掉谷壳后的大米，晶莹剔透，营养丰富，所做米饭清香、疏松、柔软、可口，历史上的"红土贡米"就产自今天奉节的红土乡。当前，奉节红土乡是国家"优质水稻示范基地"、国家"万亩高产优质水稻示范片"、重庆市"百万吨优质粮食生产基地"，而"夔门红土米"也是连续 6 年被农业部评为"全国优质大米"。

图 3-65　奉节县部分基地及食材原料

同时，为了更好的发展奉节餐饮业，满足消费者对餐饮美食的多元化需求，奉节县政府不但加大对农业、畜牧业、水产业等的扶持，壮大地方绿色食材的生产，还不断完善商贸流通体系，着力打造商贸流通业核心支撑平台，帮助餐饮经营者和餐饮食材供应商对接，不断从国内外引进所需的优质特色食材。

据不完全统计，奉节县从智利、韩国、澳大利亚、法国等境外区域及国内的四川、湖北、上海、天津、浙江、江苏、河北、陕西等省份引进葡萄酒、牛肉、海鲜等食材，并严格执行《中华人民共和国进出口商品检验法》及其实施条例、

图 3-66　动物检疫合格证明

《中华人民共和国进出境动植物检疫法》及其实施条例（见图 3-66），加强进

口食品、食材的检疫及监督管理，在食材来源和质量、安全等方面，满足了本地餐饮的消费需求。

五、接待规模较大，服务能力较强

奉节县在大力培育、引进餐饮企业的同时，不断完善基础设施，打造人民广场不夜城、海城金街美食街、夔门印像美食街、天佑美食街，大力开辟旅游配套的餐饮市场，融合发展区域内旅游与餐饮，加大培训力度，注重服务标准的规范和服务质量的提升，着力打造"美食地标城市"，引导和推动餐饮业规范化、连锁化、便利化、品牌化、特色化发展。奉节县在主城区内重点开发特色餐饮、休闲餐饮、快餐、互联网餐饮等；在乡镇地区，依托景区景点，重点开发观光旅游、农家乐等吃住一条龙的餐饮模式，以满足多层次、多样化的餐饮消费需求。

目前，奉节县有诗城皇廷大酒店、奉节饭店、欧庭国际酒店、天怡国宾大饭店、白帝城大酒店、诗苑大酒店、泰悦酒店、夔门大酒店等可提供住宿、餐饮的大酒店 140 多家，另有各类餐馆、客栈、农家乐等，全部餐饮单位多达 2 388 家，具有较强接待能力。比如，奉节饭店有 1 间可供 1 000 人同时进餐的大型宴会厅、36 间不同风格的中餐包房和豪华西餐厅（兼早餐厅、咖啡厅），诗城皇廷大酒店能同时容纳 1 200 位客人同时就餐，天怡国宾大饭店、欧庭国际酒店、碧海大酒店等均能同时容纳 1 000 位客人同时就餐，诗苑大酒店、三峡原乡有 350 个餐位，奉节太和大酒店有 150 个餐位，如图 3-67 所示。

图 3-67　宴会厅

奉节县国民经济和社会发展统计公报显示，2016 年接待游客 1 249.64 万人次，同比增长 15.6%；2017 年接待游客 1 550 万人次，同比增长 24.1%；

2018 年接待游客 1 842 万人次，同比增长 18.8%；2019 年接待游客 2 040 万人次，同比 10.75%；2020 年接待游客 2 046 万人次，同比增长 0.29%（2020 年受新冠疫情影响增长较少）；2021 年 1 月—7 月，累计接待游客 1 337.23 万人次，同比增长 57.90%，累计旅游综合收入 723 341 万元，同比增长 50.07%，累计过夜游客 94.17 万人次，同比增长 57.30%，旅游购票人数 106.01 万人次，同比增长 70.79%（见图 3-68）。接待游客数量的增长情况，也体现了奉节县餐饮业的接待能力。餐饮业较强的接待能力，满足了游客的餐饮需求，为游客提供了优质服务，为高品质生活提供了保障。

中国奉节网 ＞ 新闻中心 ＞ 要闻

奉节开启旅游新时代 2018年接待游客1842万人次

2019-02-14 14:54 来源：中国奉节网

中国奉节网讯（记者 龙江）"我县今年采取深度挖掘文化、打造全域旅游、抓好融合发展，努力打造全域旅游升级版，力争全年购票游客突破130万人次，过夜游客突破105万人次，旅游综合收入超过90亿元。"近日，奉节县相关负责人告诉笔者。

据了解，2018年该县接待游客1842万人次，增长18.8%；购票人数达126.2万人次，白帝城·瞿塘峡景区首次迈入百万俱乐部；旅游收入达80.2亿元，增长37%，全面开启旅游新时代。

您当前的位置：首页 ＞ 部门透视

【打造国家全域旅游示范区】全域旅游开启"新纪元" 1至7月旅游接待数据捷报连传

日期：2021-09-01   来源：奉节网   大 中 小

地处长江三峡国际黄金旅游带核心区的我县，境内拥有雄甲天下的夔门、驰名中外的白帝城、世界奇观天坑地缝等景区。近年来，我县坚持一切产业围绕旅游打造、一切项目围绕旅游布局、一切产品围绕旅游开发、一切要素围绕旅游保障，高位统筹推进全域旅游发展，也开启了旅游经济发展的"新纪元"。

今年1至7月，全县累计接待游客1337.23万人次，同比增长57.90%，累计旅游综合收入723341万元，同比增长50.07%，累计过夜游客94.17万人次，同比增长57.30%，旅游购票人数106.01万人次，同比增长70.79%。

近年来，我县用好生态和人文"两个宝贝"，以六大旅游目的地建设为抓手，全力推进文城融合、城旅融合、交旅融合、农旅融合、商旅融合、体旅融合。

图 3-68　相关新闻

六、区位优势明显，交通便捷畅通

奉节县位于重庆市东部，东邻重庆巫山县，南接湖北省恩施市，西连重庆云阳县，北接重庆巫溪县，区位优势明显。近年来，奉节县以建设"三峡腹心综合交通枢纽"为目标，实施"32321"交通工程，大力推进交通基础设施建设，初步构建起"铁、公、水、空"多式联运的立体交通格局。目前，国家 G42 沪蓉高速公路贯穿东西，省道 S103 与 S201 交汇于此。此外，奉节县内长江干流 41.5 千米，有梅溪河、大溪河、黛溪河、石笋河、草堂河、朱衣河等主要河流及夔门渡口，以长江航道为主，梅溪河、黛溪河航道为辅的"一主两支"内河航运网已形成。此外，巫山机场奉节快速连接道已建成，且从重庆主城出发去奉节，可乘坐高铁到万州，再无缝连接换乘舒适的城际大巴，时间由以前的 5 小时缩短至 2.5 小时左右。另外，郑万高铁及巫溪支线、安张铁路、奉建高速、巫奉利高速等重大建设项目正在筹建，郑万高铁即将建成投用。奉建高速已顺利开建，建成通车后，奉节到建始，将从现在的 3 个小时缩短为 1 个小时，奉节到陕西西安，也将从目前的 10 小时缩短为 4 个小时。便捷畅通的交通，将为奉节餐饮业的发展带来更多客源。

七、旅游资源丰富，助推融合发展

奉节县贯彻落实"创新、协调、绿色、开放、共享"的发展理念，紧紧围绕打造"长江三峡第一旅游目的地"和创建"全域旅游示范县"两大目标，以"全域旅游作统领，生态产业作支撑，新兴城镇作承载，区域中心作保障"为发展战略，推进其旅游发展。奉节县制定了《奉节县全域旅游总体规划》，出台有《奉节县人民政府关于加快乡村旅游规划发展的意见》《奉节县创建"国家全域旅游示范区"工作方案》等文件，积极推进城市旅游"12211"项目建设，大力开展乡村旅游"个十百千万工程"，围绕"2+X"战略做强做大景区旅游，按照"4+N"思路做热做足节庆旅游，构建"1+2+N"智慧旅游空间布局做实做精智慧旅游，建成"1+2+N"文化展示平台做活做深文化旅游，科学布局旅游景区景点，大力加强景区景点建设，不断完善、更新旅游安全设施设备，现已建成自然景观和人文景观交相辉映、驰名中外的游览胜地，促进了"景区旅游"向"全域旅游"的转变。奉节县目前拥有三峡之巅（见图 3-69）、白帝城、天坑（见图 3-70）、地缝（见图 3-71）、瞿塘峡（见图 3-72）、大窝、龙桥河、夔州博物馆等 7 个 4A 级景区，鑫鼎农业生态观光园、茅草坝滑雪场等 3A 级景区，滨河公园、天鹅湖等 2A 级景区，另有长龙山天仙观、小寨天坑、旱夔门、龙桥河、九盘河、瞿塘峡摩崖石刻、永安宫、夔州古建筑群、龙汇花谷、白帝亚源农业园等景点，各类景区景点接近 100 个。而且"白帝城·瞿塘峡景区"已于 2019 年 11 月列入国家 5A 级旅游景区预备名单①。奉节县不但旅游景区景点数量众多、风景秀丽、休闲娱乐设施完善，而且远近闻名。早在 2017 年 9 月 16 日，《探索重庆》专题特别节目第三集"山水之都·魅力之城"在美国 ABC7 频道播出，其中专门报道了奉节的瞿塘峡、白帝城。这些景区让奉节拥有了六个标志性符号："一座城"（国家级风景名胜、全国重点文物保护单位、国家首批 4A 级景区）、"一张钱"（10 元人民币背景图案——夔门）、"一个坑"（世界最大的天坑——小寨天坑）、"一条缝"（世界最长的地缝——天井峡地缝）、"一条河"（世界最长的地下暗河——龙桥河）、"一个字"（汉字中奉节的专用字——"夔"）②。

同时，奉节周边还有龙缸景区、巫山小三峡、恩施大峡谷等 5A 级景区，张飞庙、红池坝、恩施土司城等 4A 级景区，它们与奉节县内景区遥相呼应，相互联动，实现了共同发展。

奉节县在充分利用自然资源大力发展旅游业的同时，积极融合诗文化、橙品牌，全力推进文旅融合、城旅融合、交旅融合、农旅融合、商旅融合，为餐饮业发展提供了良好的自然环境，促进了餐饮业与旅游业、农业等的融合发展，进一步促进了餐饮业的品质化发展。

图 3-69　三峡之巅

①　白帝城·瞿塘峡景区于 2022 年 7 月被评为国家 5A 级旅游景区。
②　冉瑞成，杨露勇. 重庆奉节：由"景区旅游"向"全域旅游"转型［N］. 经济日报，2017-02-13（11）.

图 3-70　天坑　　　　　　　　　图 3-71　地缝

图 3-72　瞿塘峡

（注：上述景点图片均源于重庆市奉节县人民政府网站，http://www.cqfj.
gov.cn/。）

第二节 专业人才与教育

奉节县委县政府密切关注餐饮行业发展，特别重视职业教育和餐饮技术技能人才的培育培养。全县现拥有4所开设餐饮相关专业的职业学校及进行短期烹饪培训的机构，每年培养的全日制学生达200人以上，培训的在职人员达800余人次。

全县餐饮人才队伍成长迅速、蓬勃发展，每年举办2次以上美食节或烹饪技能比赛（见图3-73），组织2次以上餐饮相关的培训、交流、研讨活动，既营造了浓郁的美食文化氛围，又构建了餐饮人才的实践平台。全县非农业劳动力人口占总劳动力人口的71.5%，餐饮业从业人员的比例占劳动力人口的1.3%。截至目前，全县拥有烹饪大师、烹饪名师、高级技师、全国餐饮职业经理人、重庆市非遗传承人等各类餐饮人才20余人，有获得"全国创业就业优秀个人""重庆市劳动模范""重庆五一劳动奖章""全国金厨奖""全国特金奖"等各种荣誉者10余人，并逐步形成了"老带新、共发展"的餐饮人才队伍发展模式。

图3-73 学生技能大赛

一、大力发展职教，培育后备人才

奉节县委县政府高度重视奉节特色餐饮的发展，注重餐饮专业人才的培养，大力发展职业教育，为餐饮业可持续发展培育后备人才。

奉节县现有重庆市奉节县职业教育中心、重庆市行知高级技工学校奉节分校、奉节县就业培训中心（奉节县技工学校）、奉节县金英职业培训学校从事职业人才的培训、培养。

重庆市奉节县职业教育中心集职业教育、技能培训、技能鉴定和劳务输出于一体，现有教职工 350 余人，在校生 6 000 余人，年短期培训能力达 10 000 人，享有三峡库区"职教航母"的美誉，开设有旅游服务、酒店管理专业。学校结合全县餐饮业发展现状和美食地标城市建设情况，不断调整专业人才培养方向，优化课程设置，在专业教学中融入了"餐饮管理服务"等专业课程。重庆市行知高级技工学校奉节分校开设有旅游与酒店管理、西点工艺专业；奉节县金英职业培训学校常年开展种植养殖、电子商务、中式烹饪师、中式面点师等培训；奉节县就业培训中心承办有就业需求的登记失业人员、农村转移就业劳动者、未就业高校毕业生等城乡劳动者的职业技能培训，其中含有餐饮人才的培训。另外，奉节县还与重庆商务职业学院餐饮学院加强合作，培育餐饮专科人才。奉节县不仅通过专业培养、短期培训，为餐饮业发展储备了大量后备人才，还聘请了有关高校及行业的专家组建顾问团队，为奉节县餐饮业的发展出谋划策，构建全县餐饮人才培养和选拔模式，而且师生在各种技能比赛中获得了优异成绩，其中奉节县职业教育中心尤为突出。

重庆市奉节县职业教育中心学生吴莹夺得奉节县 2020 年度"夔州工匠"劳动技能大赛总决赛的旅游服务（中餐摆台）第一名，荣获"夔州工匠"称号（见图 3-74）。

图 3-74　中餐摆台比赛

重庆市奉节县职业教育中心老师李德琼夺得奉节县 2020 年度"夔州工匠"劳动技能大赛总决赛的茶艺第一名,荣获"夔州工匠"称号(见图 3-75)。

图 3-75　茶艺比赛

二、专业人才拔萃,引领行业发展

在当前文化旅游及餐饮业良好发展的势头下,奉节县商务委员会一直坚持技能练兵策略,加大政策和资金支持力度,积极组织县内餐饮从业人员参加市级、国家级各种技能竞赛(见图 3-76),鼓励从业人员参加考证定级,培育更多优秀领军人才,进一步优化餐饮人才队伍,促进餐饮业可持续发展。

奉节县餐饮商会及餐饮企业也都非常注重餐饮人才的培养,通过内培、进修、引进、聘请等方式,形成了一批出类拔萃的餐饮专业人才,提升了餐饮人才队伍整体素质。目前,全县拥有中国烹饪协会名厨委员会委员 1 人、中国注册烹饪大师 1 人、中国烹饪大师 1 人、中国烹饪名师 3 人、高级技师 4 人、技师 10 余人、全国餐饮职业经理人 3 人(见图 3-77)。这些专业人才战斗在餐饮行业第一线,引领着奉节餐饮业的发展。

图 3-76　餐饮从业人员技能竞赛

图 3-77　专业证书

三、人力资源丰富，从业分布合理

根据重庆市人力资源基础台账系统数据、县公安局户籍相关数据及《奉节县统计年鉴》等资料综合分析得出，奉节县非农业劳动力人口为37万余人，总劳动力人口为51.8万人，则非农业劳动力人口占总劳动力人口的71.5%，而根据奉节县商务委员会的相关统计，全县餐饮业从业人员的比例占总劳动力人口的1.3%。因此，从"美食地标城市"申报条件来看，奉节县无论是非农业劳动力人口的比例，还是餐饮业从业人员的比例都是合理的，都能为奉节餐饮业发展提供丰富的人力资源保障。

四、餐饮活动多样，培训交流到位

为提高餐饮从业人员技能水平、扩大餐饮从业人员就业门路，奉节县商务委员会、奉节县餐饮商会每年定期在相关学校及培训机构举办"餐饮服务员礼仪""餐饮服务技能"等专题培训，平均每年参加餐饮服务相关培训的人数在800人左右。培训提高了参训人员对餐饮服务业的认识、了解及其专业技能、综合素质，加快了脱贫致富步伐，为全面建成小康社会、乡村振兴提供了人力和智力支持。

此外，全县每年定期举办"奉节脐橙美食文化节"（见图3-78）、"餐饮文化研讨会"等交流、研讨会议及论坛，且目前已形成常态，成为全县餐饮业发布与贯彻国家及重庆市餐饮产业政策，学习交流优秀企业成功经验，推广新理念、新模式、新技术、新思路的重要平台。另外，奉节县还根据工作需要，不定期地组织人员到贵州、湖南、四川等省市进行交流、学习，做到取长补短。

同时，奉节县每年举办"餐饮服务技能项目比赛""夔州工匠比赛"等竞赛活动，通过竞赛挖掘奉节餐饮人才和特色名菜，打造出了"三峡第一桌"宴席，提升了三峡餐饮整体形象，为餐饮从业人员提供了一个展示自我、切磋技艺的平台，促进餐饮服务人员提升业务技能、强化业务意识，不断提升、完善自我。奉节县举办的餐饮活动如图3-79所示。

图 3-78　奉节脐橙美食文化节

图 3-79　奉节县餐饮活动

第三节　餐饮品牌与荣誉

奉节县不仅人杰地灵，而且有数之不尽的美食，其中既有丰富的汉族餐饮文化，又有土家族等少数民族特色美食。全县大力实施餐饮品牌战略，经过代代奉节人的传承与创新，创造出了盬子鸡、汀来泡菜（乡坛子）、三峡第一桌、周氏水煮鱼、夔州烤鱼、土家酸菜鸡、木瓜三色炒鳕鱼、奉节脐橙等名宴、名菜、名果、名小吃，拥有了"中华餐饮名店""国家金叶级绿色饭店""四叶级中国绿色饭店""中餐特色美食企业""五星级酒店""五一劳动奖章"等殊誉。其在创造品牌、获得荣誉的同时，坚持安全第一、诚信经营的原则，近 5 年无重大安全事故发生。

一、注重食品安全，崇尚诚信经营

奉节县委县政府及有关职能部门对食品安全非常重视，以"讲团结、讲实干、讲大局、讲诚信"为引领，通过宣传、培训、监督、执法等方式，多措并举促使餐饮企业严守食品安全底线，崇尚诚信经营，做好做实食品安全监管工作，创建食品安全示范县，在食品安全、诚信经营方面取得了较好成效。

（1）建机制。奉节县成立奉节县食品安全委员会，于 2018 年更名为食品药品安全委员会，设立县、乡镇两级食品药品监管机构，配备监管执法人员、村（居）协管员；成立奉节县农产品质量安全监督检测中心，并投资 300 万元建成农产品质量安全监督检测中心实验室；实行重大食品安全事故"一票否决"机制，发布《奉节县人民政府办公室关于进一步明确餐饮服务食品安全监管职责的通知》，督促监管责任落实到位。

（2）重宣传。奉节县在城区的人民广场、乔木广场、夔门广场等 5 个广场设置灯箱广告，在西部新区、城区道路两旁设置宣传展板，在各大主干道设置墙体广告、路旗、T 型牌，在各大食品生产经营单位悬挂横幅、张贴小标语；发放致市民的一封信；进行员工培训；利用奉节县电视台专栏、"村村通"广播、微信公众号等平台进行多形式、多方式宣传（见图 3-80），提高全民对食品安全重要性、防患措施等的知晓率、认可度。

奉节鱼复街道召开餐饮行业食品安全培训

　　华龙网11月28日18时05分讯（通讯员 田长军）为深化和推进创建食品安全示范城市工作，确保创建成功。近日，重庆市奉节县鱼复街道召开餐饮服务环节食品行业主体示范动员会。培训如何参与食品安全示范城市创建等相关知识，并对奉节县开展行业主体示范创建进行动员暨培训。

　　积极组织管理人员和工作人员认真学习示范单位评定标准和"明厨亮灶"的有关要求。积极开展餐饮服务示范店、示范学校创建，要把示范创建作为单位提档升级、扩大影响、提高知名度的重要举措。

图 3-80　宣传报道

　　（3）强诚信。奉节县商务委员会、食品药品监督管理局、市场监督管理局、消费者协会、餐饮商会等利用商务领域扫黑除恶专项斗争、"3·15"国际消费者权益日宣传活动等机会，采用会议培训、宣传横幅、海报、手册、现场讲解介绍、案例分析、致商户公开信等多种方式（见图3-81），向广大群众宣传社会信用体系在消费领域的运用，引导各商户诚实守信、依法经营，引导消费者树立健康、理性、文明的消费理念，依法维护自己的合法权益。

图 3-81　诚信相关宣传

　　（4）防事故。奉节县全面推行食品安全风险管理，加强对农畜产品种养殖、食品生产、流通、消费全过程监管，加强农产品农残检测、食品生产经营风险清理，实施餐饮服务许可制、餐饮摊贩备案制、不定期检查制，出台并实施《奉节县食品安全突发事件应急预案》《放心消费创建工作实施方案》等制度和工作方案，有效防范各类食品安全风险。

　　（5）严执法。奉节县相关部门不仅加大宣传力度，还经常到市场、企业进行走访查看，开展季节性、区域性食品安全集中整治行动，检查是否存在安全隐患，检查餐饮服务单位证照是否齐全、主体责任是否落实到位，检查食品原材料采购索证索票及台账登记制度、餐饮具清洗消毒管理制度是否落实，以及就餐区域干净卫生状况、从业人员健康证明等，并根据检查过程中发现的问题，约谈违规单位，提出整改措施，下发责令改正通知书，要求其在规定限期内整改完毕。此外，对发现的违法单位和个人或逾期未改正的单位和个人，依法对其作出行政处罚决定（见图3-82），依法打击食品违法犯罪行为，做到有法必依、见违必纠、执法必严、处罚有据。

奉节食药监局 **2018** 年行政处罚信息公开表(十二月)

序号	行政处罚决定书文号	案件名称	违法企业名称或违法自然人姓名	违法企业组织机构代码	法定代表人姓名	主要违法事实	行政处罚的种类和依据	行政处罚履行方式和期限	作出处罚的机关名称和日期
1	（奉节）药罚〔2018〕5号	王守平（奉节县甲高镇光明村卫生室）使用劣药案	王守平		王守平	使用劣药	《中华人民共和国药品管理法》第四十九条第一款 罚款，没收非法财物	主动履行 2018/12/21	重庆市食品药品监督管理局奉节分局 2018-12-14
2	（奉节）食罚〔2018〕44号	奉节县望江矿泉水厂生产销售不符合食品安全标准的桶装矿泉水案	奉节县望江矿泉水厂	915002365 678751828×	邓向友	生产销售不符合食品安全标准的桶装矿泉水	《中华人民共和国食品安全法》第一百二十四条 第二款 罚款，没收违法所得	主动履行 2018/12/21	重庆市食品药品监督管理局奉节分局 2018-12-21

图 3-82　行政处罚信息

二、着力打造名店，提升企业形象

奉节县发展历史长达 2 300 多年，餐饮业积淀深厚。近年来，奉节县又按照"特色化、功能化、品牌化、民族文化"要求，着力提升餐饮企业内涵，逐渐形成了一定数量的餐饮名店（见图3-83）。奉节县现有中华餐饮名店1家——小八仙酒楼，该酒楼为中华餐饮名店重庆市小八仙餐饮有限公司加盟店；星级酒店5家，其中五星级酒店1家——诗城皇廷大酒店，四星级酒店2家——重庆奉节饭店、鑫鼎假日酒店，四星级标准酒店3家——欧庭国际大酒店、天怡国宾大饭店和泰悦酒店；国家金叶级绿色饭店1家——奉节饭店；四叶绿色饭店2家——天怡国宾大酒店、泰悦酒店；中餐特色美食企业3家——欧庭国际酒店、泰悦酒店、奉节饭店。此外，还有运平山庄、李三哥休闲山庄、宝塔坪农家乐、三国苑、亮德休闲山庄、夔锦苑、水手山庄、盘龙休闲山庄、梅园农家乐、雪芳农家乐、奉节县鱼腹园休闲山庄、桃花休闲山庄、欢欢农家乐、精云休闲山庄、蝉鸣农业发展有限公司、奉节县磨砺农家乐、奉节县奉橙餐饮有限公司等星级农家乐151家。

图 3-83　奉节餐饮名店

同时，奉节县近年以"创新美食、时尚健康"为主题，分别开展了美食节、天佑啤酒音乐美食文化节、冰雪节暨冬季美食节、奉节脐橙美食文化节、啤酒龙虾美食节等活动，评选出了双乳峰农家乐、玫瑰山庄等"十佳农家乐"，三峡原乡、苗圃人家、小木凳怀旧火锅等"十佳餐饮名店"。

三、专注品牌研发，提高竞争实力

奉节县政府相关职能部门、餐饮商会不断加强对区域内餐饮企业的扶持，引导餐饮企业结合土家族等少数民族民俗饮食文化，根据特色优势加强名优菜品研发，积极进行中国名菜、中国名点、中国名火锅等品牌申报，加强品牌文化建设，提高核心竞争力。

奉节美食品牌众多（见图3-84），其中盬子鸡、斑鸠叶凉粉的制作技艺分别于2011年、2016年被列为重庆市非物质文化遗产，夔州老腊肉、郭家沟老白干、搭搭面、夔州泡菜的制作技艺于2019年进入重庆市非物质文化遗产之列。陶记紫阳鸡汤锅于2004年就在重庆市承办的全国餐饮美食节被评为"中国名火锅宴"，非物质文化遗产中的盬子鸡被中央电视台、重庆电视台等10多家电视台的相关栏目报道，并在2017年重庆市非物质文化遗产保护协会组织的第二届重庆非物质文化遗产暨老字号博览会上荣获"最受市民欢迎的非遗50强"。此外，"乡坛子""汀来"商标获得"重庆市著名商标"，"乡坛子"获得"马德里国际注册商标"，"汀来"泡菜荣获"中国国际农业博览会名牌产品""中国国际食品博览会金奖"等荣誉。同时，具有"重庆老字号"的搭搭面，其技艺得以传承四代，曾被CCTV 7报道；奉节脐橙被评为"中华名果"，成为奉节县地理标志性产品。

2016年12月，由重庆市商务委员会、奉节县政府主办，奉节县商务局、县旅游局、县扶贫办联合承办的奉节脐橙美食文化节暨扶贫成果旅游产品展在奉节人民广场隆重举行。展会重磅推出的"三峡第一桌"，直径达16米，面积为200平方米，分上下两层布展，共展出三峡美味——盬子鸡、夔门脆（醉）虾、斑鸠豆腐、纤夫烧肉等150余道奉节美食，让广大市民和游客大饱眼福和口福。"三峡第一桌"的推出，在餐饮行业引起了轰动，提升了奉节餐饮的品牌效应。另外，奉节县商务委员会牵头餐饮商会，充分利用"九天龙凤"片区盛产的中药材、野菌等，开发出了党参冬菇瘦肉汤、党参土鸡汤、松树菌鲜肉汤、山药排骨汤、萝卜羊肉滋补汤等汤品。

图 3-84　奉节美食品牌

为进一步加强品牌研发，奉节县商务委员会在《关于加快特色餐饮业发展的意见》中强调：大力实施"四个一"特色餐饮工程，即"开发一批特色农家菜品""培育一批餐饮企业""发展一批连锁餐饮店和星级酒店""制定一套服务标准"。奉节县目前正在加大力度，有序推进"四个一"特色餐饮工程的实施。

四、杰出人才辈出，多次获得荣誉

奉节县餐饮业不仅发展态势良好，而且从业人员表现突出，在各种评比中获得奖励表彰的有 20 多人，比如常引航、刘俊荣获"竹元盐子鸡传统制作技艺代表性传承人"；汀来绿色食品开发有限公司法定代表汪丽平 2012 年被国务院授予"全国就业创业优秀个人"，2017 年被评为"重庆市第五届劳动模范"，2018 年被评为"重庆市三八红旗手""重庆市优秀企业家"，2019 年被授予"重庆市三八红旗手标兵"等荣誉称号；餐饮商会秘书长杨必金荣获"重庆市五一劳动奖章"等荣誉称号；重庆市熙博饮食文化有限公司厨师长欧阳友明荣获"奉节县五一劳动奖章"和"奉节五四青年职业标兵"等荣誉称号；奉节县商务局副局长李晓霞荣获"2018 年中国乡村振兴带头人"称号（见图 3-85）。这些杰出人才在引领奉节餐饮行业健康发展的同时，获得了多种荣誉，提高了奉节餐饮业的知名度和社会影响力。

图 3-85　杰出人才所获荣誉

五、积极参加竞赛，弘扬工匠精神

为加强学习与交流，提升餐饮行业服务质量，提高职工专业技能和综合素质，丰富职工业余生活，奉节县以"创新技能、促进就业、提升服务"为主旨，积极开展或组织餐饮企业和职工参加各种职业技能比赛，弘扬工匠精神，取得了较好的成绩，培育出了不少餐饮工匠，在各种技能竞赛中获得了各种级别的奖项近 20 项。比如，在首届"中国调味大师邀请赛"中，欧庭国际大酒店的崔远想荣获金奖；在 2010 年的第三届饭店业职业技能竞赛全国总决赛中，食神王府的程颖杰荣获"中式烹调特金奖"、诗苑大酒店李平高荣获"中式烹调金奖"、诗苑大酒店张灯菊和石中莉分别荣获"餐厅服务金奖"和"餐厅服务银奖"、诗苑大酒店获得团体银奖、奉节县商业委员会荣获"优秀组织奖";在各级烹饪大赛中,高级技师李建华获得全国金奖2次、"金厨奖"1次、重庆金牌1次、银牌1次,欧远平获得重庆铜牌1次(见图3-86)。此外,在用户投票及专家评审中,欧庭国际酒店的餐饮质量、酒店设施以及服务水平得到了社会的高度认可,一举摘得携程旅行口碑榜"2018最佳酒店餐饮奖"。

图3-86　技能竞赛获奖情况

第四节　行业管理与规划

奉节县委县政府高度重视餐饮行业的管理与规划,将发展三峡特色餐饮及食材种植养殖、美食街区建设等确定为奉节县"十三五"规划、农业农村发展"十三五"规划、商贸发展"十三五"规划的重要内容,并因地制宜地制定了一系列具体的实施意见,加快推进"重庆奉节·美食地标城市"的建设,有力促进餐饮行业健康发展。

奉节县在大力推进美食地标城市建设的同时,积极关注老百姓的所知、所获、所感,精心管理,坚持走共同富裕之路,力争早日实现"全面小康奉节"。奉节县委县政府率先垂范,奉节县商务委员会、餐饮商会积极配合,定期组织召开专题研究会,坚持传承与创新并重,总结当年工作亮点,布局来年工作要点,循序渐进推动全县餐饮业的特色发展。此外,奉节县还出台了《奉节县食品安全突发事件应急预案》,确保全县餐饮业安全、管理规范有序、全县95%以上的餐饮服务网点相关证照完备;制定了相关食材基地规划文件,坚持可持续发展之路,重视绿色环保,确保原产地食材的一流品质;制定了餐饮企业油烟治理方案,开展整治专项活动;在奉节县商务委员会、餐饮商会的带领下,前往广东、湖北、贵州及重庆等10余个区(县)进行考察学习,积极参与社会公益事业,深入开展扶贫工作。近年来,奉节县原料种养殖均无重大安全事故发生,餐饮服务无重大消费纠纷发生,餐饮企业对经营环境满意度保持在90%以上。

一、科学规划行业,明确发展目标

为实现餐饮行业快速高质量发展,奉节县与时俱进、因地制宜地制定了一系列发展规划和实施意见,既规范了餐饮业的管理,又明确了发展目标,更促进了餐饮业的发展。就目标而言,奉节县明确提出:打造独具特色的民俗美食目的地,建设国家级美食地标城市,让奉节美食走出奉节、面向全国。为实现餐饮行业发展目标,奉节县专门出台了《奉节县现代商贸服务业"十三五"发展规划》、《奉节县创建"国家全域旅游示范区"工作实施方案》、《重庆奉节美食地标申报及美食文化建设工作方案》、《奉节县关于加快特色餐饮业发展的意见》(见图3-87)、《奉节县打造民俗美食目的地工作行动方案》等文件,对餐饮业发展作出了明确而科学的规划。同时,奉节县以旅游休闲、餐饮娱

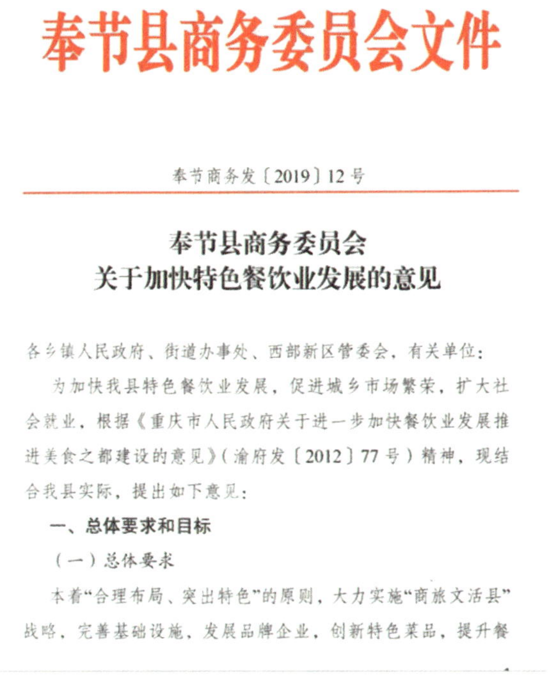

奉节县商务委员会文件

奉节商务发〔2019〕12号

奉节县商务委员会
关于加快特色餐饮业发展的意见

各乡镇人民政府、街道办事处、西部新区管委会，有关单位：

为加快我县特色餐饮业发展，促进城乡市场繁荣，扩大社会就业，根据《重庆市人民政府关于进一步加快餐饮业发展推进美食之都建设的意见》（渝府发〔2012〕77号）精神，现结合我县实际，提出如下意见：

一、总体要求和目标

（一）总体要求

本着"合理布局、突出特色"的原则，大力实施"商旅文活县"战略，完善基础设施，发展品牌企业，创新特色菜品，提升餐

图 3-87 奉节县规划文件

乐、文化体验为主要功能，建设了海城金街、夔门印像、不夜城，推进餐饮业转型发展，支持星级酒店、风情民宿发展大众餐饮，积极引导，有计划、有步骤地稳步推进全县餐饮业的蓬勃发展。

2016年12月出台的《奉节县创建"国家全域旅游示范区"工作实施方案》专门对农家乐的发展作了规划：创建百个星级农家乐示范户。奉节县充分利用自然资源、农家产品、农村风俗、农事活动等，在全县范围内提档发展了100个二星级及以上特色农家乐、林家乐，进一步提升了农家乐整体水平，着力打造了都市人感受传统、寻找文化、拥抱山水的"家外之家"。目前，奉节县力争发展三星级农家乐30家，四星级农家乐10家，五星级农家乐5家。

2017年4月印发的《奉节县现代商贸服务业"十三五"发展规划》对整个餐饮业作出了规划，并明确指出要打造"中国三峡原生态美食之乡"，即充分挖掘、利用原生态食材和传统工艺，加快餐饮企业品牌建设，积极推进餐饮业多元化、集聚化、现代化发展，争创一批国家级和市级餐饮商标品牌，以夔州紫阳鸡、太白水煮鱼等为代表培育原生态菜品体系，打造中国三峡原生态美食之乡；大力发展星级农家乐。奉节县按照"政府引导、社会参与、市场动作、统一管理"的原则，以重点景区建设为龙头，以生态景区和人文景观为依托，以生态休闲旅游为重点，以农家乐和农家旅馆为主要载体，着眼于农民得利、农村受益，通过政府扶持、业主自主经营，把农家乐休闲旅游业培育成为农村经济社会发展的闪光点。其中，奉节县在兴隆镇、龙桥乡、太和乡、长安乡打造养生型乡村生态旅游胜地；在竹园镇、大树镇、平安乡发展杨梅、食用菌、烟叶三大特色产业秤杆基地并配套深加工；在朱衣镇、草堂镇、白帝镇、康乐镇、白帝城风景区发展脐橙特色休闲观光乡村旅游带。"十三五"期

间，奉节县规划建设农家乐集聚示范区 3 个、民宿示范点 100 家、发展三星级农家乐 100 家、四星级农家乐 10 家、五星级农家乐 5 家，力争将奉节打造成渝东北经济圈休闲旅游大县，实现商贸服务与乡村旅游的联动发展。

2019 年 3 月出台的《奉节县商务委员会关于加快特色餐饮业发展的意见》具体规划了 5 个重点任务：①加快打造"两带两街"特色餐饮街区。即在兴隆镇片区打造集餐饮、旅游、休闲、避暑、度假为一体的休闲娱乐度假带，在白帝城依斗门打造集名特产集散地、农家餐饮为一体的巴渝风情带，在滨江国际商圈沿江边建设以特色民俗美食街、民俗特色酒店、大型旅游商品购物广场、文化古玩长廊、风情夜吧为主题的"夔门印像美食街"，在白帝城依斗门建设以菜品特色化、服务标准化、经营集聚化为主题的"古夔州艳雨风情街"。②大力实施"四个一"特色餐饮工程。即开发一批特色农家菜品、培育一批餐饮企业、发展一批连锁餐饮店和星级酒店、制订一套服务标准。③不断发展"农家乐"乡村旅游餐饮。④着力开展"美食文化"展示评比活动。⑤积极引导"便民餐饮"快速健康发展。

2019 年 5 月出台的《奉节县商务委员会关于印发〈奉节县打造民俗美食目的地工作行动方案〉的通知》规定了"在保持奉节美食原味的基调下，进行改良升级和品牌包装，充分展示美食的制作工艺，融入文化元素，使民俗与美食充分结合"的基本原则，以及"完善美食体系、活化经典民俗、扩大品牌影响"的工作内容，提出了采取"125"工作措施（重点举办 1 个美食节，打造 2 条民俗美食街，发展 5 大民俗美食聚集区），以诗词名句立意，包装"诗词大餐"，使"三峡第一桌"走出夔门、面向全国。

二、完善产业链条，促进行业发展

奉节县依托良好的生态和人文环境，以三峡人文旅游为载体，统筹规划，科学设计，协调发展，有计划、有步骤、有措施地打造兼顾第三产业协同发展的"产加食销"产业链条，其中不管是作为产业重要载体的美食特色街区，还是熟食连锁、食材和调料生产与加工等产业链上的相关企业，都迈出了转身前行的新步伐。

当前，奉节餐饮投资主体日趋多元化，经营模式逐渐多样化，连锁规模不断扩大，品牌建设特色日益凸显，产业化步伐日渐加快。奉节县委县政府在上级部门的领导下，高举改革大旗，不断有计划、有步骤、有措施地优化餐饮产业链，努力推动餐饮业的产业转型升级与创新发展。

（1）打造种养基地。为更好地保障餐饮原料供应，推动奉节餐饮业特色稳定、健康的向前发展，奉节县委县政府非常重视餐饮原料基地的培育与保障，出台了《农业农村发展"十三五"规划》《奉节县"菜篮子"产品市场布局规划》等政策支持文件，从政策支持、资金扶持、技术支撑等角度为餐饮原料基地建设提供了保障，促进了绿色食材的生产。根据《奉节县农业农村"十三五"规划（2016—2020）》中"深化农业供给侧改革，规模化建设特色效益农业基地"的要求，奉节县构建起了"4+3+X"特色效益农业产业体系，即4为"围绕提质增效发展脐橙产业、围绕增量提质发展油橄榄产业、围绕生态涵养发展中药材产业、围绕绿色养殖发展山羊产业"，3为"围绕提质增收发展烟叶产业、围绕生态富民发展高山蔬菜、围绕优质高产发展优质粮油"，X为桑蚕、茶叶、生猪、水产、水果等；形成了"一片三带多园"农业发展新格局，打造了水果种植基地、蔬菜种植基地、中药材种植基地、茶叶种植基地、禽类养殖基地、鱼类养殖基地等，巩固了餐饮业产业链的基础链，保障了餐饮业对食材原料的需求。

同时，奉节县委县政府及相关部门高度重视基地的安全工作，保障农业生产安全、农产品质量安全和生态环境安全，切实保护农民利益。奉节县农委农业行政执法大队同工商、消费者协会、质检等部门联合行动，定期在辖区公平镇、竹园镇、吐祥镇、兴隆镇等特色食材基地进行安全宣传及执法活动，并对农资市场、种植养殖基地进行综合检查，确保绿色食材基地从原材料种植、养殖到销售各个环节的安全。另外，技术人员会不定期地前往基地进行检查、指导，开展从业人员技术培训（见图3-88），为基地绿色食材生产提供技术保障。

目前，奉节县已建成全国有名的脐橙种植基地、高山蔬菜基地、优质玉米生产基地、油橄榄种植基地、食用菌种植基地、中药材种植基地、绿色无公害蔬菜基地、娃娃鱼养殖基地、山羊养殖基地等近20个特色原料基地（见图3-89），培育出众多餐饮绿色食材，促进了绿色消费。

其中，最为出名的是奉节县脐橙种植基地。目前全县脐橙种植面积约35万亩，脐橙年产量30多万吨，产业总产值近27亿元，品牌价值达到182亿元。为充分发挥脐橙功能，提高脐橙附加值，奉节县还引进了重庆安益佳实业股份有限公司等多家知名企业合作投资，生产加工以橙汁为主的饮品。

图 3-88　技术培训

奉节山羊养殖基地

| 主页 | 企业简介 | 企业动态 | 产品展示 | 供求信息 | 企业形象 | 联系方式 | 给我留言 |

当前位置：奉节山羊养殖基地

重庆市奉节县山羊生态养殖基地（13251132950李小姐）成立于2012年，基地致力于养羊行业，成为当地生态养殖业的"领头羊"，带领群众致富奔小康，连续成为一流的生态养殖良种基地及团队。基地拥有各种黑山羊、白山羊优良品种。基地位于重庆市奉节县康乐镇雪花村。周边有着大量的荒山野草，拥有天然饲料成为养好山羊的一大优势。基地常年提供各种优质山羊品种，免费为养殖户提供养殖技术、信息咨询及服务。服务承诺："以质量求信誉，以信誉求发展"是我们生态养殖基地坚持不懈的努力目标和行动指南。为推进全国山羊养殖范围，做到真正为民服务，引来客户可在基地免费吃住，进行养殖技术培训、理论知识指导。在养殖过程中对客户进行技术跟踪及回访，疫情防治等活动。运输可由我场派专业技术人员押车送货到家，出栏品种经严格检疫，并对运输前进行消毒防疫措施，办理好一切相关手续。对于无销售能力的养殖户提供协助销售或根据市场价格签定回收协议。以现代企业制度为保障，我们将永远坚持"用我们的诚心换取您的放心"这一原则，回报社会，服务于社会。我们真诚欢迎全国各地更多的朋友，加入养殖业的行列，手拉手，心连心共同发展！

图 3-89　特色原料基地

（2）建设加工基地。重庆市汀来绿色食品开发有限公司、奉节县红土地农产品加工有限责任公司、奉节县彭氏农产品加工有限责任公司、奉节县贵嫂农产品加工厂、奉节县林恩农产品加工坊、奉节县夔凤酒业有限公司、奉节九品茶叶有限公司等农产品加工、销售企业，保障了餐饮业产业链

图 3-90　加工企业荣誉

第一链的延续发展，在生产、食用、销售之间起到了桥梁作用。其中，重庆市汀来绿色食品开发有限公司规模最大（见图3-90），主要经营农副产品（政策允许的）、野菜深加工和果菜汁饮料、调味品制造及销售。

（3）建立销售基地。为推进食材销售，奉节县不但建立了奉节农产品综合交易市场、水果批发市场、蔬菜批发市场等专业市场，还成立了有专门从事农产品批发和零售的奉节县杨权农产品销售有限公司、奉节县宜岐粑农产品销售有限公司、奉节县永盛农产品销售经营部等企业。2019年4月，奉节县商务局与中国烹饪协会签订了《农餐合作协议》。根据协议，奉节县将结合自身优势大力发展脐橙、橄榄油、腊肉、乡坛子、豆腐菜、夔牛粉丝、猕猴桃、牛

肉干、红土大米、石磨面、石庙葡萄等产品，中国烹饪协会将充分利用自身品牌、市场优势，为奉节推荐优质资源及信息，促进奉节农产品销售。同时，奉节县还大力加强电子商务建设，与市级农村电商平台"村村旺"签订了每天20吨土豆、5吨辣椒、10吨萝卜、10吨包包菜、10吨白菜的供货合作协议，化解了农产品"销售难""进城难""卖好价格难"等难题。

（4）优化消费环境。奉节县进一步完善海成金街美食街区（见图3-91）设施设备、交通路网、墙面广告、沿途绿化、休闲座椅、夜间灯饰等，促进街区提档升级，并引导餐饮企业做好室内安全卫生、文化建设；充分挖掘、开发全县传统特色餐饮文化资源，打造以餐饮为主、汇聚餐饮及休闲娱乐店铺、三峡特色鲜明、文化氛围浓厚、配套设施完善、管理规范的夔门印像美食街区（见图3-92），引导餐饮企业向特色街区集中，促进餐饮业聚群发展；引进、培育诗城皇廷、天怡国宾、欧庭国际、奉节饭店等高档餐饮服务主体，鼓励、支持餐饮企业创新管理方式，开展技术、产品创新，提高行业总体经营管理水平，从而为餐饮消费者提供舒适、宽松、愉悦的消费环境。

图3-91　海成金街美食街区

图 3-92　夔门印像美食街区

（5）促进餐饮消费。奉节县积极举办节庆活动，大力发展假日经济、夜间经济、共享经济、体验经济等新经济，创新消费业态；大力发展乡村旅游和"农家乐"餐饮，促进餐饮、旅游融合发展；引导传统餐饮企业上线，向数字化、智能化转型。特别是近几年，奉节县鼓励实体零售餐饮企业应用社交电商、直播带货、朋友圈、小程序等进行线上销售，推动夜间经济聚集发展，支持品牌餐饮企业构建"生产基地+中央厨房+餐饮门店+电商平台"的产销模式，多措并举释放了餐饮消费潜力，刺激和拉动了餐饮消费，繁荣了餐饮市场。

经过一系列政策措施的分步骤实施，奉节餐饮产业链发展速度不断加快，规模逐步扩大，经济效应、社会效应和产业效应日益增强，现已形成种植、养殖、加工、烹饪、销售一条龙服务的奉节特色美食产业链。

三、依托行业组织，加强行业管理

为更好引领和促进餐饮业的健康发展，规范餐饮业的经营与消费行为，向广大的消费者提供更好的服务质量，奉节县委县政府一直注重餐饮行业的组织培养与组织建设，并于 2004 年 11 月成立了奉节县餐饮商会，现已有会员单位80 余家。该商会具有独立的法人资质，是县内独立的餐饮业专门管理机构，制定有《奉节县餐饮商会会员管理办法》，且下设有办公室，聘有人员常年办公。该组织主要根据奉节餐饮行业现状宣传贯彻政策法规，积极组织有关企业开展地方菜品的开发和创新、美食的宣传与推广、餐饮文化的传承与弘扬，以及餐饮人才培训、对外学习交流、各类餐饮评定申报、公益事业等工作；同时开展创名店、名菜等活动，加强行业自律，组织会员参加技能竞赛及相关活动等。该商会具体工作主要有：

（1）协助制定了《重庆奉节美食地标申报及美食文化建设工作方案》《奉节县打造民俗美食目的地实施方案》及美食街建设有关方案等，为县政府职能部门提供了决策依据，为行业发展提供了智力支持。

（2）协同劳动主管部门规范"餐饮企业劳动用工合同"，协同消费者协会、餐饮企业及消费者解决餐饮纠纷与投诉等问题，稳定了餐饮产业队伍，维护了消费者权益，促进了社会和谐。

（3）会同县有关部门成功举办五届"美食文化节"，协助工会、人力资源与社会保障局等部门举办了"夔州工匠"等劳动技能大赛，积极组织会员单位参加全国饭店业协会以及重庆市厨师技能大赛。通过开展奉节脐橙美食文化节、餐饮技能大赛、国际啤酒文化旅游节等活动，促进了行业人才储备及从业人员技艺提升。

（4）组织会员及理事以上单位赴广东、湖北、贵州等地考察、学习、交流，组织业界人员参加重庆市组织的餐饮业"6T"实务培训和全国餐饮业举办的内训师培训和资格考核，不断组织县内从业人员开展业务研讨（见图3-93），提高了业界人员管理能力和从业水平。

图3-93　餐饮从业人员业务研讨会

（5）协助婆子妈、大张凉面等本地餐饮企业开展连锁经营，组织会员单位进行菜品的研发、传承，推出拥有150余道菜品的"三峡第一桌"特色宴席，将奉节特色美食分享给外地消费者享用，加大了三峡特色美食的宣传、推广，满足了市场消费需求。

（6）通过特色农产品、名特商品、特色美食、特色农家乐菜品展销评比活动，大力推进地方菜品的改良创新，形成了"奉节三绝"——乡坛子香菇酱、奉节脐橙、奉节盬子鸡。

（7）创办《奉节餐饮》刊物，与县商务委员会共同编写、出版了《三峡·奉节特色美食精选》《奉节餐饮》等书籍及杂志，加强了三峡特色美食文化、技艺的总结、宣传。

（8）每年年底召开行业工作年会（见图3-94），不仅总结全年相关工作，而且对行业的风味流派、出现的新菜品进行推广和创新。同时，餐饮商会一如既往地组织各餐饮企业在历史风味流派和三峡菜谱菜式上进行创新，在经营理念和经营管理上不断升华，外树形象、内强素质，促进了奉节餐饮业的发展，弘扬了三峡饮食文化。

图3-94　行业工作年会

（9）积极组织会员和餐饮行业同仁捐款资助受灾地区，坚持常年为贫困学生捐赠助学，支持社会慈善事业，及时回馈社会。2021年8月，为抗击疫情，奉节县餐饮商会与重庆念夔电子商务有限公司等一起捐赠现金及物质10多万元。为加强社会道德建设、提高全民素质、共同推进社会主义核心价值体系建设，奉节县餐饮商会与中共奉节县委宣传部、奉节县精神文明办、奉节县慈善会、奉节县教育委员会及其他单位、商会、协会于 2013 年共同建立了奉节县"道德风尚基金"。

四、树立安全意识，监管措施到位

奉节县委县政府认真学习贯彻党中央、国务院关于加强食品安全工作的总体部署，坚持以人民为中心的发展理念，落实食品安全"最严谨的标准、最严格的监管、最严厉的处罚、最严肃的问责"总体要求，以保障公众食品安全为出发点和落脚点，以解决食品安全突出问题为导向，科学设置了奉节县市场监督管理局，直接管理全县的食品安全，确定了"预防为主、常抓不懈，统一领导、部门联动，分级负责、协调配合，及时果断、依靠科学"的处置原则，做到了实时监测、分类预警，应急响应、依规处置，及时发布、社会监督，形成了"上下统一、责任明晰，运行高效、保障有力，全程监管、科学合理"的食品安全治理体系和"良性互动、理性制衡、有序参与、有力监督"的社会共治格局，实现了无食品安全事故发生，确保了全县人民群众的身体健康和生命安全。

此外，奉节县积极创建"食品安全示范县"，出台了《食品安全管理制度》《奉节县食品安全突发事件应急预案》《奉节县创建"放心肉菜示范超市"行动方案》等餐饮服务经营管理制度、食品安全工作方案，明确了食品安全的意义、责任、要求、措施、目标等内容。奉节县在《创建"国家全域旅游示范区"工作方案》中也明确要求：县食药监局牵头，各乡镇街道、管委会配合，将旅游食品安全作为日常监管的工作重点，对旅游食品安全监管进行专门部署，食品经营者落实主体责任，规范食品经营行为，积极推动旅游食品诚信经营。落实属地监管要求，加大例行检查力度，严格落实进货查验等制度要求，把好旅游食品经营的进货、储存和销售关口，严厉查处旅游食品经营各类违法违规行为。同时，奉节县召开了餐饮服务食品安全操作规范培训会，加强食品安全的技术指导；全面加强内部管理，落实各项食品安全制度，认真开展餐饮安全风险排查，发现问题及时整治，做到了日常监管与专项整治相结合（见图 3-95）。县政府每年认真组织对职能部门担负的食品安全责任的多种形式考核，将考核结果纳入绩效，并对安全生产工作先进单位和个人进行表彰。奉节县通过从上至下、从点到面，全员全方位严查严防食品安全隐患，多年无一例食品安全事故发生，营造了良好的食品安全环境。

图 3-95　食品安全推进工作

五、规范经营管理，强化行业自律

奉节县通过"加强诚信引导、注重教育培训，严格市场准入、严把商品质量关，加强消费引导提示、努力优化消费环境，加强诚信体制建设、开展诚信服务活动"，全面推行文明诚信市场建设，促进市场主体诚实守信、合法经营，保护消费者、经营者合法权益，积极打造品牌市场、放心消费市场、平安市场，全面提高经营者的自律意识，在规范经营与行业诚信自律方面取得了显著成效。

在不断对全县餐饮企业规范经营、行业诚信自律进行监管的同时，县市场监督管理局等部门加强对餐饮企业资质的审查，严禁无照经营。经过对全县餐饮企业实地摸底排查、企业网络信息比对，全县近 2 300 余家餐饮企业经营证照齐全，达到了 100% 餐饮服务网点相关证照完备的要求。此外，县市场监管局、城管局每年开展联合执法，对极个别经营不规范的企业及时进行处罚纠正；县市场监管局开展"守合同重信用"经营户申报评比活动，鼓励企业诚信经营，行业诚信自律。奉节欧庭国际酒店荣获重庆市"守合同重信用企业"殊荣（见图 3-96）。

图 3-96　奉节欧庭国际酒店荣誉

六、注重持续发展，坚持节能减排

奉节县委县政府坚持可持续绿色发展思路，认真贯彻落实《饮食业油烟排放标准》《重庆市人民政府关于印发重庆市"十三五"主要污染源排放总量控制计划的通知》等相关文件，开展了油烟治理专项行动，对全县大型餐饮企业进行检查和整治。同时，奉节县根据国家发展改革委生态环境部《关于进一步加强塑料污染治理的意见》要求，加大了餐饮行业禁止使用不可降解一次性塑料餐具的宣传、执行力度，切实将行业节能减排、环境污染工作落到实处。经过大力创建、积极申报和评比，奉节饭店、泰悦酒店分别获得了金叶级、四叶级"中国绿色饭店"称号。

同时，奉节县积极践行绿色发展理念，深入实施环保"五大行动"——蓝天行动、碧水行动、宁静行动、绿地行动、田园行动，全力建设"六大生态体系"——国土生态空间规划体系、重大生态修复工程体系、生态产品生产体系、支持生态建设的政策体系、维护生态安全的制度体系、生态文化体系，开展"百日关矿"行动、长江岸线生态环保"四无行动"，严控扬尘、噪声、油烟污染，加强再生资源回收利用，垃圾集中处理率达到100%，大力植树造林，加强大气保护，治理水土流失和石漠化，森林覆盖率达到52%，空气质量优良天数达到300多天/年，长江奉节段水质稳定在Ⅲ类标准，城乡饮用水、水源地水质达标率分别为100%、93.2%，推动形成人与自然和谐发展的新格局，推动高质量发展，创造高品质生活。

七、提升服务质量，保护顾客权益

为保护消费者的基本权益，提高消费者的满意度，奉节县从全县经济发展前景出发，制定出台一系列政策措施，通过大力普及消费知识、强化重点领域消费维权、拓宽消费纠纷化解渠道、理顺餐饮市场消费秩序、扎实推进专项治理等措施，不断加大餐饮业市场管理力度，开展示范创建活动，强化食品抽样监测，建立违法犯罪快速查办机制，认真落实举报投诉，严厉打击制售假冒伪劣食品等违法违规行为；不断开展餐饮从业人员的素质培训，提高服务质量；督促餐饮业主加大硬件投入，改善卫生条件，规范经营行为，做到有许可证、有健康证、有保证食品安全的基本设施设备、有保持环境卫生的措施和设施、有采购验收和消毒登记本、有监管信息公示牌；对造成食品安全事故和不良社会影响的餐饮企业建立"黑名单"制度，并予以曝光；不断优化餐饮业市场环境，力争让餐饮市场更规范、更高效、更具有品质。2016—2019年，奉节县全县消费者投诉共 636 起，涉及餐饮行业的投诉仅 12 条，约占总投诉量的 2%，并且均属微小网络订餐、网购食物及餐饮服务问题投诉，未曾发生过重大餐饮服务消费纠纷。

根据随机调查显示，消费者对奉节县餐饮业的满意度达 90%以上，社会反映良好，并评选出多家消费者满意的餐饮企业（见图 3-97）。

图 3-97　消费者满意的餐饮企业

八、不断丰富市场，风味流派多样

餐饮业繁荣发展是实现城乡居民收入翻番、全面建成小康社会的重要途径之一。近年来，奉节县以"美食地标城市"建设为契机，通过环境建设、企业培育、菜品开发、流派引进，逐步形成了各类餐饮业态互为补充、高中低档协调发展、区内外企业相互融合、地方特色鲜明、风味流派多样、大众化餐饮较为普及的餐饮市场格局。

奉节县在培育本土三峡特色风味的同时，又不断引进县外各种风味流派。目前，奉节县引进的著名风味流派，既有其他区域特色餐饮风味流派，又有快餐饮食企业代表，如乡村基、秦妈火锅、万州烤鱼、李记串串香、绝味鸭脖、谭家菜、小八仙、之香唐等不同地方风味。奉节县政府精心打造的滨江国际美食街因其良好的环境、优质的管理服务，不同风味流派的餐饮企业集聚于此，有中餐宴席和西餐类（标准四星级欧庭国际酒店、亿嘴香西式牛肉）、有小吃类（羊儿山美小吃、平风小吃、巴山鸡汁米线、三木米线）、有面食类（壹号牛肉面、胖妹面庄、姜鸭面）、有火锅类（正火哥精品老火锅、老哥门肥肠鱼）、有汤锅类（野生菌养生汤、竹园盐子鸡汤锅）、有烧腊类（小黎烧腊）、有烧烤类（阿喜烧烤、两岸烧烤城、醉香串烧烤）、有海鲜类（皇上皇龙虾大咖、彭记小龙虾、兄弟香辣蟹）、有冷饮类（三鲜冰粉、超级喵、茶素素果冻鲜奶茶）、有快餐类（乡村基）。除本土风味流派外，奉节县还引进了县外各种风味流派，比如巫溪烤鱼、沙县小吃、北疆羊肉串、新疆阿达西烤吧、大邱里炸鸡、韩味哆韩式炸鸡等，进一步丰富了奉节餐饮的风味流派。

同时，奉节县近年推进了夔门印像、西部新区天佑美食街建设，丰富了奉节特色夜市街区，餐饮消费环境得以改善，餐饮企业和餐饮从业人员大幅增加，餐饮品类不断增多，三峡特色更加鲜明，进一步扩大了餐饮市场规模，既让奉节的美食、美食文化走出奉节，又让域外美食及美食文化进入奉节，实现不同风味流派的餐饮融合发展，为各类餐饮企业提升餐饮特色、打好三峡美食组合拳创造了良好环境，并赢得了消费者的满意。根据奉节县商务委员会2019年开展的"奉节县餐饮企业对区域经营环境满意度"调查统计显示，80%的餐饮企业对奉节区域经营环境感到满意，20%感到比较满意。

九、加强文化建设，塑造餐饮品牌

多年来，奉节各届领导、政府有关职能部门、餐饮行业协会各司其职，协同谋划奉节餐饮的崛起之路，共同打造奉节餐饮文化品牌建设，结合地理环境、风土人情、文化特点、餐饮特色，编撰出版《三峡·奉节地方特色美食精选》《奉节餐饮》等多本展现奉节餐饮文化、烹饪技艺、美食特色的书籍。

此外，奉节县加强非遗物质文化建设，"竹园盐子鸡传统制作技艺""斑鸠叶凉粉传统制作技艺""夔州老腊肉传统制作技艺""郭家沟老白干酿造制作技艺""奉节搭搭面制作技艺""夔州泡菜制作技艺"均已被列入重庆市非物质文化遗产代表性项目名录，"杜甫晒枣"等被收录为县级非物质文化遗产。

奉节餐饮文化，不仅有书、有非遗，还有与奉节特色餐饮相关的诗、歌、赋、馆、商标、专利等，如盐子鸡赋、汀来泡菜赋、盐子鸡歌、盐子鸡诗。另外，各餐饮企业也注重自身企业文化建设，设计专属图标、宣传标语、规章制度等，很多企业建有文化墙（见图3-98）。具体文化内容将在后面第六章进行单独介绍。餐饮文化建设提升了奉节餐饮的特色与名气，树立了盐子鸡、汀来泡菜、三峡第一桌等餐饮品牌。

图 3-98　企业文化建设

十、开展大型活动，行业积极参与

奉节县商务委员会及行业协会经常开展餐饮人才培训、学习交流、节庆与技能大赛等活动，不仅制定了相关方案，而且印制分工责任表，行业企业响应度高、参与积极。奉节县以活动为载体，为全县餐饮行业交流学习提供平台，有效提升了区域从业人员的素质和能力。

在人才培训、学习交流方面，为提高餐饮从业人员技能水平，扩大餐饮从业人员就业门路，县商务委、县餐饮商会每年定期在相关学校及培训机构举办"餐饮服务员礼仪""餐饮服务技能"等专题培训，每年近 800 名青壮年劳动力参加餐饮服务相关培训。同时，奉节县商务委员会、餐饮商会常年召开"餐饮文化研讨会"等交流、研讨会议及论坛，或邀请有关专家到奉节举办讲座，或组织餐饮企业及有关人员到外地学习、交流、考察。学习交流活动已形成常态，成为全县餐饮业发布与贯彻国家及重庆市餐饮产业政策，学习优秀餐饮企业成功经验，推广新理念、新模式、新技术、新思路的重要平台。

就节庆与技能竞赛活动而言，全县借助奉节特有的三国文化、诗城文化、三峡文化，每年举办不同主题的大型节庆活动、竞赛活动，正如《奉节县商务委员会关于加快特色餐饮业发展的意见》中规定："利用我县诗歌、江峡、三国等民俗文化，结合我县餐饮传统做工，每年举办一次美食节暨美食评选活动，不断丰富我县美食文化。以'特色菜品品鉴''餐饮从业人员培训'等为契机，支持乡镇、农家乐及餐饮企业举办厨艺比赛、新菜品推出等美食文化活动。"截至当前，奉节县开展了美食文化节暨农产品展示展销会、三峡美食节暨消费扶贫活动、冰雪节暨冬季美食节、三峡原乡国际美食节、三峡原乡国际美食节暨电商扶贫购物节、脐橙文化节暨美食节、餐饮职业技能大赛、"夔州工匠"劳动技能大赛等大型餐饮活动（见图3-99）。通过大型活动的开展，活跃了节日气氛，增进了同事之间友谊，激发了从业人员工作热情，提升了从业人员专业技能，促进了职业精神的弘扬和行业新风的树立，提升了餐饮行业整体形象，同时促进了餐饮业与旅游业的联动发展。

图 3-99　大型餐饮活动

十一、主动履行责任，乐于回报社会

不论是奉节餐饮企业家，还是一般餐饮从业人员，他们都认为：一位优秀的餐饮从业者，在为一道可口的佳肴付出的时候，也应该顾念社会的需要，时刻为社会的发展、群众的需求作出自己应有的奉献，回报社会，这不仅是一种社会责任感，也是一名餐饮服务人员从事餐饮业最基本的素质需要。正是在社会责任的引领下，奉节餐饮企业及从业人员不忘回报社会。乡坛子、奉节饭店、欧庭国际大酒店等餐饮企业多次组织开展慰问孤寡老人和残疾人、捐资助学、帮扶贫困、慰问交巡警、捐款灾区、防控疫情、爱心义卖等活动（见图 3-100）。比如，2019 年 12 月——2020 年 6 月，重庆市汀来绿色食品开发有限公司捐赠 25 000 元资助前荣香菇产业发展、捐赠 30 000 元资助茵均蔬菜种植设施建设、捐赠 10 000 元用于雨露助残项目、捐赠 30 000 元开展公益活动；奉节饭店、欧庭国际大酒店控股企业重庆飞洋控股（集团）有限公司捐赠 2 000 000 元用于平安乡向子村房屋改造、1 000 000 元用于平安乡向子村五改工程；欧庭国际酒店 2017 年捐赠 100 台电脑用于县内贫困村的便民服务中心和村办公室办公；泰悦酒店管理有限公司投资 600 万元在鹤峰乡观斗村硬化园区道路 8 千米、人行便道 3 千米，新建蓄水池 6 口[①]。2020 年新冠疫情暴发后，果农李大杨自发捐赠 50 000 斤脐橙至武汉抗疫一线，被央视新闻联播、奉节县广播电台、中国新闻网等多家新闻机构和网络报道。

---

① 奉节县慈善会. 奉节县慈善会 2019 年 12 月至 2020 年 6 月接收捐赠款物明细表［EB/OL］.（2020-08-01）［2021-08-01］. http://www.fjcsh.com/news/show.php？itemid=138.

图 3-100　公益活动

十二、创新中求提升，拓展上见成效

为打造美食地标城市，促进餐饮行业内涵提升，奉节县委县政府高度重视餐饮业的创新与发展，出台了《关于打造民俗美食目的地工作行动方案》等政策支持文件，鼓励区域内餐饮企业及从业者在特色烹饪技术方面创新拓展，向上下游及区域外延伸，连锁经营壮大实力。

在餐饮企业的创新发展和奋力拼搏下，产生了以婆子妈私家菜餐厅、重庆大张凉面、碗碗香姐妹菜馆、翁胡子炸酱面等 20 余家直营或连锁加盟型为代表的餐饮明星企业，进行了特色烹饪技术的传承与创新，特别是盐子鸡非遗技术，已流传到重庆渝中区、渝北区、九龙坡区、巴南区、万州区、垫江县、巫溪县等区（县）及四川、湖南等省市。盐子鸡第二十三代传承人欧宗海（奉节人）2019 年在重庆渝北区开店营业，短短一个多月的时间，这家店就成了食客们争相"打卡"的地方（见图 3-101）。

"非遗菜系传承人"何以成了就业"蓄水池"？

2019年07月25日 03:43　来源：工人日报 💬参与互动

重庆现有市级非物质文化遗产中，有近20%与饮食有关；新生代农民工把目光瞄准了这一新职业——

"非遗菜系传承人"何以成了就业"蓄水池"？

本报记者 李国 本报实习生 邵钰婷 刘淋灵

今年以来，每天下午四点，重庆市渝北区的一家"网红"餐饮店就进入了一天中最忙碌的时刻。"我们店的招牌菜叫'盐子鸡'距今已有千年历史，是非遗菜系，也是食客们最爱点的菜品。"该店的老板欧宗海是盐子鸡第二十三代传承人，他告诉记者，近年来，国家对非遗越来越重视，向他这样的非遗传承人地位也"水涨船高"。

图3-101　相关报道

有的餐饮企业还根据其原理创新开发出了药膳盐子鸡、山珍盐子鸡、墨鱼盐子鸡、甲鱼盐子鸡、猪肚盐子鸡等新品（图3-102），使奉节餐饮业的非物质文化遗产既得到了传承，又得到了弘扬。为进一步丰富菜品种类，满足不同层面消费者需求，奉节县商务委员会创新思路，指导县餐饮商会深入挖掘菜品，通过邀请"吃货"试吃、专家评选、网络投票的方式，用"长江鲜鱼""纤夫烧肉""酸水洋芋片（丝）""豌豆凉粉""香酥糯米鸡""盐子鸡"等150余道菜品，创新开发出更具奉节地方特色的"三峡第一桌"，彰显了奉节美食独特魅力。

图3-102　盐子鸡新品

同时，奉节县商务委员会指导宾馆饭店、农家乐做好菜谱，形成规范化、流程化的文字材料和生动形象的视频资料，制作《三峡美食画册》和《奉节美食地图》等宣传图册，抓好宣传推广，努力提高"三峡第一桌"的知名度、美誉度，努力推进商旅文融合发展。

除此之外，奉节县还建设电商公共服务中心，成立电商商会，开展电商购物节，构建电商平台体系，推进"电子商务进农村"，建立县乡村三级电子商务公共服务体系、农村电子商务快递物流配送体系、农产品电子商务供应链体系、农产品电子商务营销体系、农村电子商务人才体系，建设县级电子商务服务中心5 000平方米（见图3-103），建设乡镇村电子商务综合服务站280个，建设公共仓储物流分拨配送中心5 000平方米，并通过携手苏宁易购、中国邮政、阿里巴巴等企业，将"奉节脐橙"等特色产品销往全国各地。

图3-103　电子商务服务中心开业仪式

根据餐饮发展历史与现状，结合"美食地标城市"创建情况，2019年奉节县对照"中餐特色美食名录"中的"历史与文化影响、市场规模与环境、专业人才与教育、餐饮品牌与荣耀、行业管理与规划"五大认定标准，自评得分94.5分（见表3-2），得到了中国烹饪协会的认可。"重庆奉节·美食地标城市"成功通过中国烹饪协会评审认定，奉节县于2019年11月被正式列入"全国美食地标城市名录"。

表 3-2　奉节县美食地标城市自评表

序	指标内容	奉节现状	标准分值	自评分值
1	建城 300 年以上	建城 2 300 余年：商周之际曾为鱼国，后称鱼邑，自战国中期（约公元前 314 年）正式置县，秦汉至隋在此分别设置鱼复、永安、人复、信州、阳口等县（州）。唐武德二年（公元 619 年）改原信州为夔州，此为史用夔州名之始。唐贞观二十三年（公元 649 年），为旌表诸葛亮奉刘备"托孤寄命，临大节而不可夺"的忠君爱国思想，更名为奉节县。中华人民共和国成立后，1950 年起奉节属四川省万县专区；1968 年属万县地区；1992 年属万县市；1997 年 3 月随万县市隶重庆市，后直属重庆市	2.5	2.5
2	《中国烹饪百科全书》等收录的涉及该区域的名店、名师、名馔等在 2 条以上	《中国名菜目录》收录：盬子鸡（紫阳鸡）。《奉节县志》记载：铁匠街等名街名店 16 家；竹园盬子鸡、周氏水煮鱼等名菜名小吃 10 个；陈吉祥、郑昌银等名厨 4 个。但未被《中国烹饪百科全书》收录，扣 1.5 分	2.5	1
3	区域内餐饮业的发展，在历史上曾盛极一时，至今仍然保持健康旺盛的发展态势	奉节人非常讲究饮食，县城素有"小成都"之称。1943 年，县城饮食店（担摊）140 户。1949 年，饮食店 293 户，从业人员近 500 人。1950 年，全县饮食业 425 户，从业人员 625 人，年销售额 14.3 万元。主、客餐馆竞争激烈，导致本县饮食业兴旺和发展。目前，奉节餐饮企业达 2 300 余家，餐饮营业额达 22.2 亿元，餐饮业发展具有良好的发展态势	2.5	2.5
4	区域内餐饮对地方经济的发展、群众生活水平的提高和民间习俗的保持作出过积极贡献	《奉节县统计年鉴（2018 年）》显示：2014 年、2015 年、2016 年、2017 年、2018 年奉节县餐饮业营业额分别达到 11.5 亿元、13.6 亿元、16.3 亿元、19.2 亿元、22.2 亿元，分别占地区生产总值（GDP）的 6.4%、6.9%、7.3%、7.64%、7.8%，2014 年至 2018 年同比年增长率高达 18% 以上	2.5	2.5
5	省级以上非物质文化遗产 1 项以上	"竹园盬子鸡传统制作技艺""斑鸠叶凉粉传统制作技艺"为重庆市非物质文化遗产	2.5	2.5
6	编辑出版餐饮文化、烹饪技艺、特色肴馔的书籍，2 本以上	目前已编撰出版了《三峡·奉节地方特色美食精选》《三峡之巅 诗橙奉节》等反映该奉节餐饮文化、烹饪技艺、特色肴馔的书籍	2.5	2.5
7	餐饮业的产生、发展到兴盛有不少于 20 年的历史，各种文献资料或传统行业信息	奉节饮食文化有文字记载的最早可溯源到秦汉，据《汉书·地理志》记载："鱼腹胸忍有桔官"；《汉志》载"柚，通省者皆出，唯夔产者香甜可食"；《新唐书》载："夔州，土贡柑桔"，诗人杜甫寓居夔州时写下了"园甘长成时，三寸如黄金""白小群分命，天然二寸鱼。细微沾水族，风俗当园蔬。""家家养乌鬼，顿顿食黄鱼"等诗句，清晰描述了夔州（奉节）百姓以黄鱼为食物的生动画面	2.5	2.5

表3-2（续）

序	指标内容	奉节现状	标准分值	自评分值
8	国家级电视台、广播电台对该地区的饮食文化、烹饪技艺、特色肴馔、餐饮市场等作过专题报道	各大媒体多次争相报道奉节美食文化、三国文化及特色肴馔等，其中中央电视台、台湾中天电视台、珠海电视台以及各大报纸、互联网媒体都报道了奉节的天然美食食材、独特的饮食文化	2.5	2.5
9	近3年餐饮零售额在10亿元以上	《统计年鉴》数据显示：2014年、2015年、2016年、2017年、2018年，奉节县餐饮业营业额分别达11.5亿元、13.8亿元、16.3亿元、19.2亿元、22.2亿元	2.5	2.5
10	餐饮经营单位数量不少于500家	截至目前，现有餐饮单位（含企业、个体户）2 256家，建立了布局合理、层次分明、特色突出、服务规范、设施完善、安全卫生的餐饮住宿服务网络体系	2.5	2.5
11	烹饪技艺和美食有区别于相邻地区的独特风味，肴馔丰富多样、自成体系	奉节饮食文化，有多样的肴馔和独特烹饪技艺，继承了川菜的精髓，同时又独具地方特色，自成三峡特色菜系。现有夔府宴、夔府菜、夔府小吃等系列，特别是"三峡第一桌"展示了120余道奉节特色菜品。如今以夔州盐子鸡（紫阳鸡）、太白水煮鱼、奉节特色牛尾汤、鲍氏养生一品锅等为代表的汤（火）锅系列；以桂花锅炸、奉节搭搭面、农家合渣、土豆麦面块、夔州烤鱼、乡巴佬茄鱼等为代表的传统菜品，已成为长久不衰的地方美食精品，深受消费者喜爱	2.5	2.5
12	有6个以上不同省份、2个以上其他国家的美食供应市场	奉节县从美国、加拿大、俄罗斯、苏格兰4个境外区域及国内的四川、湖北、上海、天津、浙江、江苏、河北、陕西8个省份引进葡萄酒、牛肉、海鲜等食材，食材供应渠道广泛、种类繁多	2.5	2.5
13	区域内餐饮服务接待能力在2万人以上	奉节县国民经济和社会发展统计公报显示：2016年接待游客1 249.64万人次，同比增长15.6%。2017年接待游客1 550万人次，同比增长24.1%。2018年接待游客1 842万人次，增长18.8%	2.5	2.5
14	具有铁路、高速公路、水运等多种交通途径	奉节以建设"32321"交通工程为工作重心，打造全县旅游大通道，大力推进交通基础设施建设，全力构建大交通格局。目前，国家高速G42沪蓉高速公路贯穿东西，奉溪高速公路由此引出，连接巫溪县。省道S103与S201交汇于此。奉节县内长江干流41.5千米，有梅溪河、大溪河、石笋河、草堂河、朱衣河等主要河流，拥有夔门渡口。从重庆主城出发前往万州，在万州北站（高铁站）可实现无缝连接换乘，坐舒适的城际大巴抵达奉节，时间仅需2.5小时左右	2.5	2.5

表3-2(续)

序	指标内容	奉节现状	标准分值	自评分值
15	区域内及周边地区有较为丰富的旅游景点、休闲娱乐设施	奉节拥有白帝城、天坑地缝、瞿塘峡等4A级景区,鑫鼎农业生态观光园等3A级景区,滨河公园、天鹅湖等2A级景区,另有长龙山天仙观、小寨天坑、旱夔门、龙桥河、九盘河、瞿塘峡摩崖石刻、永安宫等景区景点共86个。同时,奉节周边还有龙缸景区、巫山小三峡、恩施大峡谷等5A级景区,有张飞庙、红池坝、恩施土司城等4A级景区。县内及周边不但景点丰富,而且设施设备齐备	2.5	2.5
16	当地的餐饮原料资源丰富,对特色美食的形成具有促进作用,对其进一步发展具有资源保障性作用	目前,全县已建成草堂脐橙种植基地、帮太脐橙种植专业合作社、石笋河葡萄种植基地、脐橙种植科技示范园、碧展蔬菜种植基地、鑫鼎农业冷水鱼养殖基地、九盘万家种猪繁殖基地、田园绿业养殖基地等种植、养殖基地近20个,出产食材原料有:高山萝卜、高山土豆、高山玉米、萝卜、辣椒、白菜等农产品食材,肉鸽、猪、牛、羊、兔、鸡等畜禽类食材,山药、党参、天麻、牛膝、大黄、贝母、枸杞、黄芪、山楂、金银花、斑鸠草、芍药等中药类食材,养殖有中华鲟、大鲵、冷水鱼等水产类食材	2.5	2.5
17	本地设有餐饮专业职业院校1所以上,全日制在校生在50人以上	奉节目前有重庆市奉节职业教育中心、重庆市奉节县行知高级技工学校、奉节县就业培训中心等3所学校。结合全县餐饮业发展现状和美食地标城市建设情况,开设有"餐饮管理服务"课程。但未学校开设烹饪及餐饮专业,扣1.5分	2.5	1
18	中国烹饪大师1人、中国烹饪名师3人、高级技师4人、技师8人、全国餐饮职业经理人资格者3人	目前,全县拥有中国烹饪大师1人,中国烹饪名师3人,高级技师4人,技师10余人,全国餐饮职业经理人3人	2.5	2.5
19	当地非农业劳动力人员占总劳动力人口70%以上,餐饮业从业人员的比例占总劳动力人口1%以上	根据重庆市人力资源基础台账系统数据、县公安局户籍相关数据及《奉节县统计年鉴(2018)》等,经综合分析统计,奉节非农业劳动力人口为37万人,总劳动力人口为51.8万人,则非农业劳动力人口占总劳动力人口的71.5%;根据区商务部门相关统计,全区餐饮业从业人员的比例占总劳动力人口的1.3%	2.5	2.5
20	当地政府相关部门或行业组织在培训、交流、研讨、比赛以及美食节庆方面工作开展得力,相关活动每年举办2次以上	奉节县商务局、餐饮商会每年定期在相关学校及培训机构举办"餐饮服务员礼仪""餐饮服务技能"等专题培训,每年近800名青壮年劳动力参加餐饮服务相关培训。此外,全县每年定期举办"奉节脐橙美食文化节""餐饮文化研讨会"等交流、研讨会议及论坛。近几年,全县每年定期举办"餐饮服务技能项目比赛""夔州工匠比赛"等,通过比赛挖掘奉节特色名菜,打造出"三峡第一桌"宴席	2.5	2.5

表3-2(续)

序	指标内容	奉节现状	标准分值	自评分值
21	区域内餐饮企业注重食品安全、崇尚诚信经营，行业最近3年无重大安全事故发生	县委县政府及有关职能部门对食品安全非常重视，"建机制、防事故、重宣传"三措并举促使餐饮企业严守食品安全底线，以"讲团结、讲实干、讲大局、讲诚信"为引领做好做实食品安全监管工作，创建食品安全示范县。政府和餐饮企业共同注重食品安全，崇尚诚信经营，近3年无重大食品安全事故发生	2.5	2.5
22	中华餐饮名店3家	现有中华餐饮名店1家（小八仙酒楼）；星级酒店3家，其中五星级酒店1家（皇廷大酒店），三星级酒店2家（重庆诗苑大酒店、碧海皇宫大酒店）；四叶绿色饭店2家（天怡国宾大酒店、泰悦酒店）；有运平山庄等星级农家乐52家（其中一星级15家、二星级20家、三星级17家）。同时，奉节饭店正在申报四叶绿色饭店，欧庭国际酒店、泰悦酒店正在申报"中餐特色美食企业"	2.5	2.5
23	"中国名菜""中国名点""中国名宴""中华名小吃""中华名火锅"项目认定的，总数在6项以上	"竹园盐子鸡传统制作技艺""斑鸠叶凉粉传统制作技艺"，现为重庆非物质文化遗产；陶记紫阳鸡汤锅在2004年重庆市举办的餐饮美食上被评为"中国名火锅宴"；汀来泡菜曾荣获"中国国际农业博览会名牌产品""中国国际食品博览会金奖"等荣誉；具有"重庆老字号"的搭搭面，其技艺得以传承四代，曾被CCTV 7报道；奉节脐橙被评为"中华名果"，为奉节县地理标志性产品。因数量不足，扣1.5分	2.5	1
24	曾获省级以上"劳动模范""五一劳动奖章""技术能手"等表彰与历年获"中华金厨奖"者各不少于1次	奉节县常引航、刘俊荣获"竹元盐子鸡传统制作技艺代表性传承人"；汀来绿色食品开发有限公司汪丽平2012年被国务院授予"全国就业创业优秀个人"、2017年被评为"重庆市第五届劳动模范"、2018年被评为"重庆市三八红旗手"、2018年被评为"重庆市优秀企业家"、2019年被授予"重庆市三八红旗手标兵"等荣誉称号。因缺少"中华金厨奖"，扣1分	2.5	1.5
25	在全国综合性专业赛事中累计获金奖2人次以上，或在全国专项性以及省级综合性专业赛事中累计获金奖5人次以上	在首届"中国调味大师邀请赛"欧庭国际大酒店的崔远想中荣获金奖；在第三届饭店业职业技能竞赛全国总决赛中，食神王府的程颖杰荣获"中式烹调特金奖"、诗苑大酒店李平高荣获"中式烹调金奖"、诗苑大酒店张灯菊和石中莉分别荣获"餐厅服务金奖"和"餐厅服务银奖"、诗苑大酒店获得团体银奖、奉节县商务局荣获"优秀组织奖"；在各级烹饪大赛中，高级技师李建华获得全国金奖2次、"神厨奖"1次，获得重庆金牌1次、银牌1次，欧远平获得重庆铜牌1次	2.5	2.5

表3-2(续)

序	指标内容	奉节现状	标准分值	自评分值
26	已出台或正在制定餐饮业相关的发展规划、扶持政策	奉节县委县政府高度重视餐饮行业发展,已经将发展三峡特色餐饮及食材种植确定为奉节县"十三五"规划、农业农村发展"十三五"规划的重要内容,并因地制宜地制定了一系列发展规划和实施意见,加快推进"重庆奉节·美食地标城市"创建。出台了《奉节县现代商贸物流业"十三五"发展规划》《奉节县创建"国家全域旅游示范区"工作实施方案》《重庆奉节美食地标申报及美食文化建设工作方案》《奉节县打造民俗美食目的地实施方案》等文件。其中《奉节县打造民俗美食目的地实施方案》明确了"保持奉节美食原味的基调下,进行改良升级及品牌包装,充分展示美食的制作工艺,融入文化元素,使民俗与美食充分结合"的基本原则,"完善美食体系、活化经典民俗、扩大品牌影响"工作内容,提出了采取"125"工作措施(重点举办一个美食节,打造两条民俗美食街,发展五大民俗美食聚集区),要以诗词名句立意,包装"诗词大餐",使"三峡第一桌"走出夔门,面向全国	2.5	2.5
27	餐饮产业链建设方面有计划、有步骤、有措施	依托良好的生态和人文环境,以三峡人文旅游为载体,统筹规划,科学设计,协调发展,推行"产加食销"模式,有计划、有步骤、有措施地打造兼顾第三产业协同发展的产业链条,不管是作为产业重要载体的美食特色街区,还是熟食连锁、食材和调料生产与加工等产业链上的相关企业,都已经齐齐迈出了转身前行的新步伐	2.5	2.5
28	相对独立的餐饮业专门机构,对当地风味流派的继承发展创新有总结、有规划	奉节县餐饮商会于2004年11月成立,该商会具有独立的法人资质,是县内独立的餐饮业专门机构,根据奉节餐饮行业现状宣传贯彻政策法规,积极组织有关企业开展地方菜品的传承和创新、美食宣传推广、餐饮人才培训、对外学习交流、各类餐饮评定申报、公益事业等工作;同时开展创名店、名菜等活动,加强行业自律,组织会员参加相关活动等	2.5	2.5
29	相关部门在食品安全事故的防范与处理解决方面有得力措施,产品和市场的规范管理与安全监控有得力保障	出台了《食品安全管理制度》《奉节县食品安全突发事件应急预案》等餐饮服务经营者管理制度,全面加强内部管理,落实各项食品安全制度,认真开展餐饮安全风险排查,对发现问题及时整治。县政府每年认真组织对职能部门担负的食品安全责任进行多种形式的考核,将考核结果纳入绩效,每年对安全生产工作先进单位和个人进行了表彰。通过从上至下,从点到面,全员全方位严查严防食品安全隐患,多年无一例食品安全事故发生	2.5	2.5
30	在规范经营与行业诚信自律方面成效显著,95%以上的餐饮服务网点相关证照完备	奉节县通过"加强诚信引导、注重教育培训,严格市场准入、严把商品质量关,加强消费引导提示、努力优化消费环境,加强诚信体制建设、开展诚信服务活动",全县近2 300余家餐饮企业经营证照齐全,基本达到100%餐饮服务网点相关证照完备的要求	2.5	2.5

表3-2(续)

序	指标内容	奉节现状	标准分值	自评分值
31	注重特色原料基地的培育，在原料的种养殖及使用方面最近3年无重大安全事故发生	出台了《农业农村发展"十三五"规划》《奉节县"菜篮子"产品市场布局规划》等政策支持文件。已建成全国有名的脐橙种植基地、高山蔬菜基地、高山生态畜牧业产业基地、优质玉米生产基地、橄榄油种植基地、中药材基地、绿色无公害蔬菜基地等10余个特色原料基地。2016—2019年，奉节县在农业种植与养殖方面无重大安全事故发生	2.5	2.5
32	行业发展坚持可持续发展思路，注重环保绿色、节能减排	认真贯彻落实《饮食业油烟排放标准》《重庆市人民政府关于印发重庆市"十三五"主要污染源排放总量控制计划的通知》等相关文件，开展了油烟治理专项行动，对全县大型餐饮企业进行检查和整治。组织执法人员召开《餐饮服务食品安全操作规范》培训会，切实将行业节能减排工作落到实处。经过积极申报和评比，县内奉节饭店、泰悦酒店获得了四叶级"中国绿色饭店"称号	2.5	2.5
33	注重保护消费者权益，消费者满意度较高，最近3年无重大餐饮服务消费纠纷发生	出台一系列政策措施，不断加大餐饮业市场管理力度，开展示范创建活动，强化食品抽样监测，建立了违法犯罪快速查办机制，认真落实举报投诉，严厉打击制售假冒伪劣食品等违法违规行为；不断开展餐饮从业人员的素质培训，提高服务质量；督促餐饮业主加大硬件投入，改善卫生条件，规范经营行为，做到有许可证、有健康证、有保证食品安全的基本设施设备、有保持环境卫生的措施和设施、有采购验收和消毒登记本、有监管信息公示牌；对造成食品安全事故和不良社会影响的餐饮企业建立"黑名单"制度，并予以曝光。2016—2019年，全县消费者投诉共636起，涉及有关餐饮行业的投诉12条，约占总投诉量的2%，属微小网络订餐、网购食物及餐饮服务问题投诉，近三年内未曾发生过重大餐饮服务消费纠纷	2.5	2.5
34	行业组织健全并运转良好，在反映诉求、规范行为、提供服务、对外交流、向外拓展等方面有具体表现	奉节县餐饮商会于2004年11月成立以来，现有会员单位80余家。餐饮商会明确职责分工，制定《奉节县餐饮商会会员管理办法》，创办《奉节餐饮》刊物并已出刊13期；协同劳动主管部门规范"餐饮企业劳动用工合同"，稳定餐饮产业队伍；协同消协商、餐饮企业及消费者解决餐饮投诉；会同县有关成功举办五届"美食文化节"，积极推进奉节饮食文化的发展。协助工会、劳动部门举办了"技能大赛""夔州工匠"等技能评比活动；组织会员及理事以上单位赴广东五、湖北、贵州等地考察学习交流活动，组织业界人员参加重庆市组织的餐饮业"6T"实务培训和全国餐饮业举办的"内训师"培训和资格考核，不断提高业界人员管理和从业水平；积极参加全国饭店业协会以及重庆市内厨师技能大赛，促进行业人才储备及从业人员技艺提升；协助婆子妈、大张凉面等本地餐饮企业开展连锁经营，将奉节特色美食分享给外地消费者享用；积极发动组织会员和餐饮行业同仁捐款资助受灾地区，坚持常年为贫困学生捐赠助学，支持社会慈善事业，及时回馈社会	2.5	2.5

表3-2(续)

序	指标内容	奉节现状	标准分值	自评分值
35	在不断丰富市场、引进新风味流派及餐饮企业方面,措施得力,服务到位,餐饮企业对区域经营环境的满意度在80%以上	出台了《关于打造民俗美食目的地工作行动方案》,围绕"打造奉节全域旅游,实现商旅文融合发展,建设民宿美食目的地,促进奉节民营企业的健康发展,拉动经济增长,提高消费升级"为目的。积极引进著名风味流派,既有其他区域特色餐饮风味流派,又有快餐饮食企业代表,如:乡村基、秦妈火锅、万州烤鱼、李记串串香、绝味鸭脖、谭家菜、小八仙、之香唐等不同地方风味流派齐聚奉节。奉节县商务局近期开展的"奉节县餐饮企业对区域经营环境满意度"的调查统计数据显示,80%以上的餐饮企业对奉节经营环境感到满意	2.5	2.5
36	饮食文化建设与品牌塑造方面,如搜集整理相关资料、建设相关博物馆、申报"非遗"等,工作得力,成效显著	结合地理环境、风土人情、文化特点、餐饮特色编撰出版《三峡·奉节地方特色美食精选》《奉节餐饮》等多本展现奉节餐饮文化、烹饪技艺、美食特色的书籍。不断强化餐饮品牌建设。加强非遗物质文化建设,"竹园盬子鸡传统制作技艺""斑鸠叶凉粉传统制作技艺"成功申报为重庆市非物质文化遗产;"奉节老腊肉""奉节老白干""杜甫晒枣"等收录为县级非物质文化遗产。此外,奉节还建有夔州博物馆、诗城博物馆、盬子鸡博物馆,三峡菜博物馆正在筹备之中,馆藏品中有对奉节饮食文化发展进行了介绍	2.5	2.5
37	专门机构或行业组织在培训、交流、节庆、赛事等活动的组织方面,有计划、有措施,行业响应度较高	近三年来,商务局及餐饮商会在组织培训、交流、节庆、赛事等方面,制定了科学合理的方案,做到了有计划、有措施。为提高餐饮从业人员技能水平,扩大餐饮从业人员就业门路,县商务局、县餐饮商会每年定期在相关学校及培训机构举办"餐饮服务员礼仪""餐饮服务技能"等专题培训,近800名青壮年劳动力参加餐饮服务相关培训。此外,全县每年定期举办"奉节脐橙美食文化节""餐饮文化研讨会"等交流、研讨会议及论坛。定期举办"餐饮服务技能项目比赛""夔州工匠比赛"等,通过比赛挖掘奉节特色名菜,打造出"三峡第一桌"宴席,提升了三峡旅游资源整体形象	2.5	2.5
38	行业普遍具有高度的社会责任感,乐于奉献回报社会	在社会责任的引领下,奉节餐饮行业及职员不忘回报社会,乡坛子、奉节酒店、欧庭国际大酒店等餐饮企业多次组织为残疾人赠送物品、捐资助学贫困学生、慰问交巡警、洪灾捐款、爱心义卖等活动	2.5	2.5

表3-2(续)

序	指标内容	奉节现状	标准分值	自评分值
39	区域内餐饮企业及从业者在特色烹饪技艺的创新拓展、向上下游以及区域外延伸、连锁经营壮大实力等方面勇于进取、成效显著	出台了《关于打造民俗美食目的地工作行动方案》等政策支持文件,鼓励区域内餐饮企业及从业者在特色烹饪技术方面创新拓展、向上下游及区域外延伸、连锁经营壮大实力。产生了以重庆婆子妈餐饮文化有限公司、重庆大张凉面、碗碗香姐妹菜馆、翁胡子炸酱面等20余家直营或连锁加盟型为代表的餐饮明星企业。县商务局指导宾馆饭店、农家乐做好菜谱,形成规范化、流程化的文字材料和生动形象的视频资料,制作《三峡美食画册》和《奉节美食地图》等宣传图册,抓好宣传推广,提高"三峡第一桌"的知名度、美誉度,努力推进商旅融合、农旅融合、文旅融合发展。建设电商公共服务中心,成立电商商会,开展电商购物节,构建电商平台体系,推进"电子商务进农村",建设县级电子商务服务中心5 000平方米,建设乡镇村电子商务综合服务站280个,建设公共仓储物流分拨配送中心5 000平方米。通过携手苏宁易购、中国邮政、阿里巴巴等企业,将"奉节脐橙"等特色产品销往全国各地	2.5	2.5
40	美食特色与创新	中国餐饮文化是一种广视野、深层次、多角度、高品位的悠久区域文化;是中华各族人民在几千年的生产和生活实践中,在食源开发、食具研制、食品调理、营养保健和饮食审美等方面创造、积累并影响周边国家和世界的物质财富及精神财富。历经世代传承与发展,奉节的餐饮文化贯穿于奉节发展的整个历史时期,体现在各个方面、各个环节之中,不但底蕴深厚,更是有历史、有故事、有内容、有载体;就内容而言,有诗、有歌、有赋、有馆、有商标、有专利、有非遗	2.5	2.5
自评得分合计为:94.5分				

第四章 名人名企

从古到今，奉节县都牢固树立"人才是第一资源"的观念及"抓人才就是抓发展、抓创新、抓未来"的理念，从餐饮业发展现状与未来趋势出发，出台了一系列有关人才培训、培养、引进的政策，为餐饮人才的成长提供了制度保障；同时，奉节县营造创业氛围，打造创业环境，以项目建设资助创业，为餐饮人才提供了用武之地；再加上餐饮企业的帮助和餐饮从业人员自身的努力，从而造就了一批在餐饮行业享有盛名的成功人士，促进了奉节县餐饮业的发展。

名人是不可能生存在虚无缥缈的世界之中的，只有与一定的单位、一定的职业相依为伴，才有可能成为名人的根基。因此，奉节县在大力培养餐饮人才的同时，也注重餐饮企业的培育，即通过完善基础设施、改善经营环境、引导传统企业转型升级、完善餐饮产业链条、加大政策扶持力度、实施商旅文融合发展等系列措施，培育出一批在餐饮业知名度和美誉度都较高的企业。

第一节 餐饮名人

一、全国就业创业优秀个人汪丽平

图 4-1 汪丽平

汪丽平（见图 4-1），女，中共党员，大学本科学历，经济师、食品工程师，重庆市汀来绿色食品开发有限公司董事长。该同志致力于绿色食材、绿色食品的研发、种植、生产，具有坚定的政治信念，牢记责任，依法经营，顾全大局，诚信务实，执着创业，开拓创新，热心公益，积极回报社会，树立了良好的社会形象，在行业内具有一定的代表性和较大的影响力。

汪丽平同志先后担任过人民教师、国有企业管理干部——都是让人羡慕的职业。但是，随着我国经济体制的改革，市场经济的不断深化，加上三峡工程建设加快了移民搬迁进程，她所在的企业因缺乏市场竞争力和搬迁复建条件而破产。

面对下岗失业，汪丽平同志不但没有埋怨，没有气馁，没有放弃，反而以一个共产党员的事业心和责任感，敏锐审视着与自己命运相似的一批又一批下岗职工，瞄准山区贫困农民贱卖甚至卖不出的蔬菜等农副产品和山区盛产的营养价值极高的多种野菜，发掘深藏民间但技艺精湛的泡菜工艺，于2001年5月，成立了一个专门从事蔬菜、野菜深加工的食品企业——重庆市汀来绿色食品开发有限公司，亲自担任董事长兼总经理。公司成立当年，汪丽平同志带着自己生产的泡菜参加武汉食品博览会和北京中国国际农业博览会，获得中国国际农业博览会金奖，且当年生产的产品也在两个博览会上被预订一空。尽管产品畅销，但因规模太小、交通不便、成本较高，到2004年公司仍处于亏损状态。这时，汪丽平同志又用发展的眼光，积极开展改革，走"公司+基地+农户"的产业化发展道路，并组织技术人员开展科技攻关，不但解决了生产规模太小的问题，还获得了"大头菜脱水装置""水密封腌制池技术"等多项国家专利，并通过了ISO9001：2000质量体系论证、企业食品生产许可（QS）论证、HACCP出口认证。

在努力经营企业的同时，汪丽平同志还积极投身于社会服务事业，兼职为政府、行业协会谏言献策，先后担任重庆市人大代表、重庆市女企业家协会理事、重庆市企业家联合会理事、重庆市农产品加工协会理事、重庆市食品工业协会监事、重庆市食用菌协会副会长、中国食用菌协会理事及奉节县人大常委会委员、奉节县工商联（总商会）副主席（副会长）、奉节县第十三届政协委员、奉节县第十四届政协常委会委员。

汪丽平同志过硬的本领、优秀的表现、突出的成绩，获得了社会的认可，先后获得"全国妇女'双学双比'女能手"、"全国就业创业优秀个人"（见图4-2）、"重庆市优秀共产党员"、"重庆市优秀女企业家"、"重庆市三峡移民创业致富先进个人"、"重庆市第五届劳动模范"、"重庆市三八红旗手"、"重庆市优秀企业家"、"重庆市三八红旗手标兵"以及奉节县首届"振兴奉节争光贡献奖"、"十佳创业女性"、"巾帼建功女性"、"第十三届优秀政协委员"、"脱贫攻坚先进个人"、"中国产学研工匠精神"等荣誉称号。

图 4-2　全国就业创业优秀个人汪丽平

二、中国餐饮业贡献奖获得者杨必金

杨必金，男，全国饭店协会内训师，重庆市农家乐等级评定委员会评审员，重庆市熙博饮食文化有限公司董事长兼总经理。

出生于农村的杨必金同志，具有坚忍不拔之志。他在农村从事过近 20 年的生产劳动，其间担任过队长、村干部；1997—2002 年担任过施工员、项目经理；2002 年转战餐饮行业，由于诚实谦虚，认真负责，吃苦耐劳，尽职尽责，很快在餐饮行业获得认可，并于 2004—2008 年担任奉节县餐饮行业商会常务副会长，2008—2015 年担任餐饮商会会长，2012—2015 担任奉节县第 12 届、13 届中共奉节政协委员。

杨必金同志不仅管理能力出众，而且自身专业技能也很出色。其参加技能竞赛，先后获得 2003 年奉节第一届美食节金奖、2005 年奉节第二届美食节金奖、2007 年奉节餐饮服务技能一等奖、2008 年餐饮服务礼仪大赛团体一等奖、2009 年美食展台展示一等奖，并带领职工参加 2010 年全国饭店业职业技能大赛包揽特金、金、银、铜奖。此外，因其突出成绩，被中国饭店协会评为"2013 中国餐饮业贡献奖"；2016 年 1 月获得重庆市总工会授予的重庆"五一劳动奖章"（见图 4-3）。

图 4-3　杨必金部分荣誉证书

三、非遗传承人常引航

常引航，男，中共党员，竹园盐子鸡传统制作技艺代表性传承人，曾当选奉节县十六届人大代表，奉节县十四届党代表。

常引航同志 1976 年 7 月高中毕业后，作为知青到奉节县平安乡平安村一社插队落户；1978 年 1 月积极响应国家号召应征入伍，在原沈阳军区 81215 部队 74 分队服兵役；1981 年退伍后在奉节县粮食加工厂等工作，曾担任企业的副站长、经理、厂长。

2000 年 7 月，常引航同志因企业破产而遭遇下岗。处于人生低谷的常引航同志，不迷茫、彷徨，毅然收集、挖掘、传承竹园盐子鸡技艺，并开店营生，将一道名不见经传的乡村土菜搬上了央视一台《中国味道》、央视二台《消费主张》、央视十台《中国影像方志》《味道》《探索发现》、央视四台《美食中国》和《中国地名大会》、珠海台《食客准备》、台湾中天电视台及重庆卫视等多个电视台栏目，声誉鹊起，蜚声全国！

重庆广播电视局委员会于 2011 年 4 月命名竹园盐子鸡为重庆市非物质文化遗产，同年 12 月授予常引航同志为竹园盐子鸡传统制作技艺代表性传承人（见图 4-4）。

常引航同志对竹园盐子鸡情有独钟，得制作之神髓，获先人之秘传，虚心学习，潜心研究，不断进取，保护传承，发扬光大，使竹园盐子鸡成为实至名归的珍馐美馔与奉节的美食名片。常引航同志自筹资金修建了盐子鸡博物馆，收藏了几十种盐子器皿、有关荣誉证书和盐子鸡相关的诗、歌、赋，建设了文化墙；此外，他还充分发挥党建引领作用，建立了竹园盐子鸡传习所、中共步云社区移民创业党支部学习活动室（见图4-5），将党建工作与餐饮业务深度融合，为餐饮业发展提供政治保障。

图4-4　常引航证书

图4-5　竹园盬子鸡传习所、中共步云社区移民创业党支部学习活动室

四、注册烹饪大师（资深级）李建华

李建华，男，奉节县邱厨私房菜行政总厨，中国烹饪协会注册烹饪大师，国家一级高级技师，重庆市一级中式烹调师，中国烹饪协会名厨委员会委员。

李建华同志精通川菜、重庆江湖菜，专业技术全面；参加餐饮技能比赛，获得全国金奖2次、金厨奖1次，获得重庆市金牌1次、银牌1次（见图4-6）。

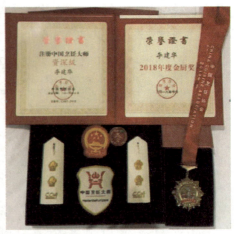

图 4-6　李建华部分荣誉证明

五、注册烹饪大师覃海杰

覃海杰，男，奉节诗城皇廷大酒店粤菜厨师长，中国流通行业管理政研会信用管理专业委员会名厨发展中心注册烹饪大师。

覃海杰同志多年来一直致力于中餐特色美食的研发和实际操作，尤其擅长粤菜制作，2004—2016 年，先后在广西夏威夷国际大酒店任粤菜厨师、重庆江鸿国际大酒店任粤菜厨师长、重庆两江丽景大酒店任粤菜厨师长。其因餐饮技艺娴熟，服务质量上乘，在 2018 年被中国名厨发展中心网评为"优秀名厨"（见图 4-7）。

图 4-7　覃海杰荣誉证书

在奉节县餐饮业，还有很多辛勤耕耘、默默奉献、名气较高的一线从业人员和管理者，值得宣传和学习。例如，奉节县诗城皇廷大酒店行政总厨、重庆市酒店行业协会名厨（西厨、中厨）分会副会长杨进刚，欧庭国际大酒店获得中国调味大师邀请赛金奖的崔远想，获得中式烹调全国特金奖的食神王府店店长程颖杰，竹元盐子鸡传统制作技艺传承人刘俊，奉节县商务委员会副主任李晓霞，等等，在此不再一一列举。

第二节　餐饮名企

奉节县有餐饮企业 2 388 家，其中不少企业在行业内享有盛名，但限于篇幅，在此仅选择性介绍如下几个：

一、奉节诗城皇廷大酒店

奉节诗城皇廷大酒店（见图 4-8）是奉节县唯一的五星级酒店，位于奉节县西部新城核心区——永安街道平湖街 98 号，于 2020 年正式营业。酒店毗邻高速路口，依山傍水，入住方便，景观宜人。酒店商业配套项目占地面积 50 亩，主楼 21 层，辅楼地上 4 层、地下 1 层，总建筑面积达 47 000 余平方米，设置客房 300 间，餐位 1 200 余位。此外，酒店拥有 1 000 余平方米多功能宴会大厅，以及中餐厅、西餐厅、包厢，大、中、小会议室，500 个停车位等，总投资达 5 亿元（见图 4-9、图 4-10、图 4-11、图 4-12）。酒店汇集五星级豪华客房、中西式餐饮，拥有强大的宴会、会议功能，同时具有独具特色的咖啡厅、装修豪华的 KTV、足浴等休闲娱乐场所，以及茶艺、精品商店、美容美发、棋牌、桌球、健身康乐等配套设施（见图 4-13）。

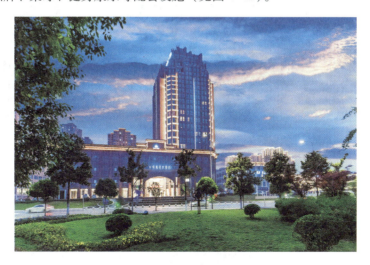

图 4-8　酒店夜景

图4-9　酒店豪华包房

图4-10　酒店早餐厅

图4-11　酒店中餐厅

图4-12　酒店会议室

图4-13　酒店健身房

二、重庆奉节饭店

奉节饭店始建于 1939 年，原名大江东旅馆，距今已有 82 年历史。为顺应社会发展，旅馆经历了由私有改为公有再变为私有的历程，具有深厚的历史底蕴、独特的企业文化。

饭店先后以"大江东旅馆""工农兵旅舍"为名，1984 年 11 月 11 日，经县委县政府批准正式更名为"奉节饭店"，设客房 120 间，床位 400 张，能同时容纳 400 人住宿和进餐，是奉节当时最大的餐饮企业。20 世纪末期因企业改制，奉节饭店由民营企业重庆飞洋控股集团成功拍得，由公有转为私有，并沿用"奉节饭店"名号。

第二次改制后的奉节饭店，由重庆飞洋控股集团全资建设，按五星标准装修设计，设备设施及客用品均按五星标准配置，总投资 19 600 万元，建筑面积 33 000 平方米，于 2012 年 5 月 28 日重装开业，成为奉节县首家挂牌四星级酒店，也是目前奉节县城区唯一一家挂牌四星级酒店。

现在的奉节饭店（见图 4-14）位于奉节商业中心的人和街街口，与商贸大厦和美食街比邻。饭店主楼共 17 层，其中地上 14 层、地下 3 层，通过四层天桥连接商贸大厦。饭店大堂配有接待区、商务中心、客人休息区、大堂吧、特产馆等；楼上配有一次可供 1 000 人同时进餐的大型宴会厅（见图 4-15）和 36 间不同风格的中餐包房、可容纳 120 人的豪华西餐厅兼早餐厅、咖啡厅，及大中小会议室、大堂吧、商务中心、旅行社、精品屋、夔香园饼屋和外接洗衣店、诗韵轩茶楼（提供棋牌、茶艺等服务）；饭店拥有各类型客房 179 间，其中标间 111 间、豪华单间 42 间、特色风情房 5 间、特色商务套房 18 间、新婚房 2 间、行政套房 1 间，总床位 291 个；同时配有 215 个车位的地下停车场，建有 5 个屋顶绿色花园，另配有高品质红酒窖——"凯狮堡"红酒窖，是集住宿、餐饮、会议、娱乐为一体的商务酒店。

奉节饭店秉承老饭店传统，一直致力于本土文化和旅游的宣传和打造，夔州情——奉节饭店旗下的节令食品品牌，就是以夔州文化和旅游为背景的产物。其一经推出，便受到广大消费者的喜爱，同时也填补了区域高星级酒店节令食品市场的空白，产品广销全国各地，为宣传夔州旅游和文化起到了很好的推动和促进作用。

图 4-14　饭店外景

图 4-15　饭店宴会厅

　　新奉节饭店自 2012 年重新开业至今，先后获得了国家挂牌"四星级饭店""国家金叶级绿色旅游饭店""中餐特色美食企业""国际金钥匙组织中国区会员酒店""中华诗词学会中华诗教先进单位""重庆市诗教先进单位""重庆生态文明旅游饭店""重庆市消防工作成绩突出单位""奉节县优秀旅游接待单位""中华诗教先进单位"等多项荣誉（见图 4-16）。

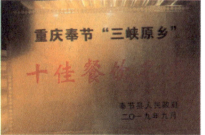

图4-16　奉节饭店部分荣誉展示

三、鑫鼎假日酒店

鑫鼎假日酒店（见图4-17）于2014年开业，位于重庆市奉节县国家级风景名胜天坑地缝风景区中的兴隆镇石乳村，空气清新，环境优美。鑫鼎假日酒店距奉节县城75.4千米，距湖北省恩施市78.9千米，经奉节县至湖北省恩施市的201省道可直达酒店。酒店为休闲度假型酒店，楼高6层，建筑面积22 300平方米，按照四星级标准建设，是目前奉节县位于主城郊区、风景区中的唯一四星级酒店。

酒店集餐饮、观光、会议、住宿于一体，设计新颖、布置舒适雅致的客房，可同时接待200多人入住；配有一次可供500人同时进餐的大型宴会厅和7间不同风格的中餐包房（见图4-18）、豪华西餐厅、大堂吧、商务中心、精品屋；4个豪华的大小会议室可满足不同商旅人士的需求；娱乐场所（见图4-19）有台球室、乒乓球室、健身房以及室外塑胶篮球场；配有2个停车场，总面积4 800平方米，车位总数100个，其中大客车车位4个。

图4-17　酒店外景

图4-18　酒店豪华包房

图4-19　酒店娱乐场所

四、泰悦酒店

泰悦酒店（见图 4-20），四叶级中国绿色饭店、中餐特色美食企业、四星标准酒店、重庆市酒店行业协会副会长单位、重庆市非物资文化遗产（竹园盐子鸡传统制作技艺）传承基地。泰悦酒店是由重庆泰悦酒店管理有限责任公司斥巨资倾力打造的奉节首家以丰厚的夔州文化（主要体现巴蜀文化、三国文化、诗词文化、移民文化等）为底蕴、融入原生态植被花卉的大型园林景观文化酒店。

图 4-20　酒店外景

酒店位于奉节县城核心商圈——滨江国际中心，享天时之福，坐地利之优，聚人和之气；南临滨江大道，俯瞰长江；北倚凤凰山，咫尺不夜城；东望三峡夔门，西接沪蓉高速奉节出口（约 10 分钟车程）。

酒店占地 11 000 多平方米，其中绿化、园林景观占地 4 000 多平方米，各种功能配套 7 000 多平方米（包括 88 间全景客房、多功能会议室、皇家量贩KTV、地方特色非遗美食竹园盐子鸡汤锅餐厅、竹语轩茶餐厅等项目综合体）（见图 4-21），总投资 1.18 亿元。

泰悦酒店已成为奉节城市新地标，获得全国绿色饭店工作委员会的"四叶级中国绿色饭店"认证，荣获重庆市"扶残助残爱心单位""非物质文化遗产传承基地"及奉节县优秀旅游接待单位、守合同重信用单位、十佳特色餐馆等荣誉称号，在奉节县首届"德克士杯"美食节中荣获火（汤）锅类第一名，其特色汤锅盐子鸡被评为奉节县"十佳地方特色菜""奉节三绝"（见图 4-22）。

泰悦酒店的成功运营将引领奉节酒店行业迈上新台阶，助推区域经济和文化产业大发展。泰悦酒店将成为渝东北地区享有盛誉和极高品牌影响力的行业明珠，为实现泰悦公司未来战略规划发展的宏伟目标奠定良好基础。

图 4-21　酒店独有的园林景观及游泳池

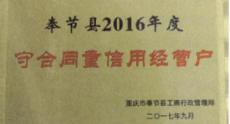

图 4-22　泰悦酒店荣誉展示

　　与行业其他餐饮企业相比，泰悦酒店在文化建设、党建工作方面尤其具有特色，不但是重庆市非物质文化遗产传承基地，还是奉节县先进基础党组织。泰悦酒店建有内容丰富的文化墙、盬子鸡传习所、党支部活动室，十分注重餐饮业务发展与餐饮文化建设、党建的结合。具体如图 4-23 所示。

图 4-23　泰悦酒店文化建设

五、食神王府

　　食神王府是奉节县餐饮商会会长单位，成立于 2004 年 5 月，位于夔州路 304 号洋洋百货 4~5 楼，建筑面积 4 000 平方米，能同时接待食客 600 人。饭店装修豪华、雅致，主营特色三峡菜、精品川菜、港式粤菜、精品海鲜等佳肴。饭店渝、川、粤精品菜肴的精心搭配，加上优质的服务、优雅的环境，成为人们宴请宾朋、家庭聚会、商务接待的理想场所（见图 4-24、图 4-25）。

图 4-24　饭店标准化厨房

图 4-25　饭店宴会厅

　　饭店前身为飞洋饮食文化有限公司，2002 年春夏加盟"菜根香"，经过几年的探索，于 2004 年夏创建自主品牌"食神王府"。为扩大饭店经营范围，提升饭店对外形象，食神王府 2012 年年初变更为重庆市熙博饮食文化有限公司，但由于食神王府特色餐饮已深入人心，民间至今一直将其称为"食神王府"。

　　2013 年，饭店积极响应国家倡导勤俭节约、反对铺张浪费的号召，顺应时代转型升级，着力打造"王府·生态粥城"项目，在洋洋百货五楼设 300 余个餐位，面积 1 000 余平方米，集聚全国名点小吃，将时尚健康粥文化和本地特色菜相结合，创造出又一舌尖享受新品位。"王府·生态粥城"以科学营养、健康美味为指针的大众特色美食为经营理念，一经推出便受到广大消费者的高度赞赏和青睐。

　　2016 年，饭店以升级打造百年老店为目标，以三峡特色美食、三峡历史美食文化为主题，将美食与文化深度融合，推崇地方特色品牌，再创区域特色美食品牌"三峡菜博物馆"，并同时引进沿海直供海鲜，开办"平价海鲜加工坊"，为大众提供鲜活、平价、优质的海鲜美食。食神王府通过 10 余年精心打造，得到了社会各界好评。

　　在全体员工的努力下，饭店获得奉节县夔州工匠、餐饮名店、餐饮最佳人气奖、餐饮最佳特色奖、工会工作目标考核二等奖、"三峡原乡"十佳餐饮名店、优秀旅游接待单位、优秀民营企业等荣誉（见图 4-26）。员工参加技能竞赛，包揽 2010 年全国饭店业职业技能大赛重庆赛区铜、银、金、特金奖及全国总决赛中式烹调特金奖，同时还先后获得重庆市餐饮服务技能奖一等奖及奉节县第三届"稻花香"杯雪花啤酒节暨餐饮服务礼仪大赛团体一等奖、第四届"衡水老白干杯"美食文化节美食展台展示一等奖等荣誉。

图 4-26　食神王府荣誉展示

在未来的发展中，饭店将以信息技术、资本运作、品牌打造、精细化管理、多元化发展为发展方向；坚持"追求卓越、诚信永远"的经营理念，本着务实、敬业的态度，真诚地服务社会，为了给广大消费者创造高品质的美食享受而不懈努力。正如法人代表杨必金总经理所说："面对未来，我们对美食文化的追求，永无止境！"

六、天怡国宾大饭店

重庆天怡国宾大饭店（见图4-27）是按四星级标准打造的奉节县西部新区精品艺术饭店，位于重庆市奉节县西部新区、未来西部城市中心之地，交通四通八达、便捷畅通。饭店总建筑面积42 000多平方米，拥有300余个停车位，内部装修蕴含了奉节地区的独有文化，完美展现了简约、清新、雅致的新中式风格。天怡国宾大饭店是集餐饮、住宿、会议为一体的多功能饭店，是商务宴请、度假休闲的理想之地。

饭店拥有中、西两个主要用餐点，在这儿能品尝到饭店精心打造的川、粤等特色菜品，是享用精致饮食的理想场所。其中，渝月中餐厅拥有9个风格迥异的包房，不仅餐桌上的美食能触动客人的味蕾，舒适的用餐环境更能开启客人的美妙味觉之旅。风格各异的会议室，可满足不同类型的会议需求。饭店更设有气势恢宏的大型多功能厅（见图4-28），可容纳1 000位宾客同时就餐。天怡国宾大饭店将配合客人每一个需求，打理每一个细节，让客人享受到前所未有的完美体验。

图4-27　饭店外景

图4-28　大型多功能厅

天怡国宾大饭店致力于打造尊荣、礼遇、和悦的餐饮环境，开创奉节县周边地区高端餐饮住宿行业的领航品牌，将人文情怀和贴心服务融入每一处细节，时刻展现"诗韵奉节，礼遇国宾"！

七、欧庭国际酒店

重庆欧庭国际酒店（见图 4-29）成立于 2015 年，现为中餐特色美食企业、重庆市守合同重信用企业、重庆江湖菜发展促进会副会长单位、奉节县优秀民营企业，坐落于重庆奉节永安镇滨江国际 C3 幢，经营总面积 20 000 余平方米，是海成滨江国际商务中心区域四星标准酒店，紧靠白帝城景区、长江三峡之首夔门，毗邻长江三峡水道，与重庆市著名零售企业——新世纪百货近在咫尺，是人们商务出行及休闲旅游的理想选择。

酒店拥有 220 间设计时尚、雅致怡人的客房及套房，平均面积为 45 平方米。房间内的现代化布置能为宾客提供无与伦比的住宿体验。此外，位于酒店 27~28 层的行政客房和套房还专为宾客提供尊贵的专享礼遇。

图 4-29　酒店外景

酒店全日制西餐厅（见图 4-30）设计匠心独运，专注时尚、现代、美味，为宾客奉上世界珍馐；中餐厅（见图 4-31）风格典雅，3 间豪华私密包房是宾客尽享精品川菜及本地佳肴的绝佳之地；大堂吧提供的传统中式茶、英式下午茶、玲珑精致的各式小点心和饮料也定让宾客的消闲小憩锦上添花。

图 4-30　酒店西餐厅

图 4-31　酒店中餐厅

酒店 480 平方米及 740 平方米的宴会大厅（见图 4-32）华丽典雅，可同时容纳 1 000 人，是举办完美婚宴及其他宴会的梦想场地，酒店另有不同规模、设施齐全的独立多功能会议厅，能满足客人不同的会议需求。

图 4-32　酒店宴会厅

酒店一直坚持诚信经营、服务至上的理念，积极开拓创新，在短短的 6 年时间，获得了国家、市级、县级及行业多种荣誉（见图 4-33）。

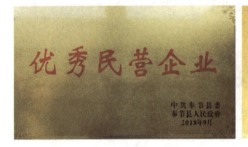

图 4-33　欧庭国际酒店荣誉展示

同时，欧庭国际酒店还秉承"源于社会，回报社会"的企业社会责任理念，积极参与公益，以社会公共组织、残疾人士、贫困家庭、社会公益活动等为对象，进行捐款捐物，为实现共同富裕、和谐社会作出了一定贡献，并于2018年获得县级"爱心助残单位"荣誉称号（见图4-34）。

图4-34　公益活动

八、资味豆坊

资味豆坊位于奉节县滨江国际海成天街二区三楼，毗邻新世纪滨江店、欧庭国际大酒店、泰悦酒店，楼下有大型停车场，坐拥奉节县的商业服务中心。资味豆坊主要经营特色江湖菜，餐厅有大小餐桌共计20张，一次性可接待150人次左右，平均每天开台70~90桌，每月接待食客约12 000人次。

资味理念：该店环境优雅，口味纯正，秉承"时尚、简约、小资"的理念，自开业以来，深受消费者的喜爱。

资味追求：资味豆坊追求亲民的价格，不断创新菜品，并严格按照食品药品监督管理局的要求，首批执行"明厨亮灶"工程，让消费者在大厅就能直观厨房操作，把食品安全放在第一位，并制定前厅、后厨各项岗位责任制及奖惩条例，责任落实到人。力求让广大消费者高兴而来，满意而归。

安全卫生：该店不但做好日常清洁卫生，还坚持每天对餐具、厨房设施、堂食进行全方位消毒，严格落实国家安全卫生标准（见图4-35）。

餐饮特色：该店多种味型俱全，适合来自五湖四海的游客。特别是特色小吃廖二锅杂，外酥里嫩，桂花飘香，是食客常点之菜；用简单食材做出特色风味的老味土豆丝、相思红豆、风味炒面等深受大众喜爱；重口味人群对鳝段粉丝、过水腰片、香冒牛肉、麻麻鱼等更是赞不绝口。

奋斗方向：获得广大消费者的口碑，力争做成奉节餐饮业的一张名片，让本土美食走出夔门。

图 4-35　安全卫生

　　荣誉称号：2016 年荣获第二届"舌尖上的奉节"十佳特色餐饮名店称号，2017 年荣获奉节县首届餐饮网络评选的"消费者最喜爱商家"称号，2018 年荣获奉节县优秀旅游接待单位称号，2019 年荣获重庆奉节"三峡原乡"十佳餐饮名店、十佳名菜称号（见图 4-36）。

图 4-36　资味豆坊荣誉展示

九、汀来绿色食品开发有限公司

重庆市汀来绿色食品开发有限公司（见图 4-37）位于奉节县草堂镇生态工业园区兴园路 51 号，是一家专门从事蔬菜、食用菌种植及深加工的民营企业。公司成立于 2001 年 5 月，已扎根奉节、深耕行业 20 年，形成了"公司+基地+种植大户（专业合作社）""公司+示范基地+贫困户"的产业化发展模式，建有 5 000 余亩蔬菜及食用菌种植基地，带动 3 000 多户农民参与种植及初加工。目前，公司已基本形成原料种植、产品加工、内外销售为一体的农产品产业链。公司主打品牌为"乡坛子"，并于 2021 年 3 月成立了乡坛子食品科技有限公司，由汀来绿色食品开发有限公司 100%持股。

图 4-37　公司外观

公司已通过 ISO9001：2015 国际质量管理体系、ISO22000：2005 食品安全管理体系、亚洲伊斯兰教（HALAL）清真食品及绿色食品等相关认证，是国家高新技术企业、全国科普惠农兴村先进单位、国家星火计划示范企业、重庆市知识产权优势企业、重庆市农业产业化龙头企业、重庆市食品安全示范企业、重庆市优秀民营企业、重庆市农产品加工示范企业、重庆市农产品加工业 100 强企业、奉节县脱贫攻坚先进单位（见图 4-38）。公司技术研发中心获评"重庆市中小企业技术研发中心"，在新技术、新工艺等方面拥有 29 项自主知识产权获得国家专利，其中发明专利 2 项。此外，公司拥有 11 个注册商标，其中三个为"重庆市著名商标"，"乡坛子"获得"马德里国际注册商标"（见图 4-39）。

图 4-38　公司荣誉展示

重庆市著名商标

重庆市著名商标

图 4-39 公司商标及专利证书

　　公司长期坚持产学研相结合，以西南大学食品学院、重庆食品工业研究所、中国农科院、重庆市农科院、山东省农科院、西北农林科技大学等科研院所为技术依托，自主创新，将传统工艺与现代科技相结合，生产出风味独特的酱腌菜、泡菜、调味品、休闲食品及干鲜食用菌等系列产品（见图 4-40）。

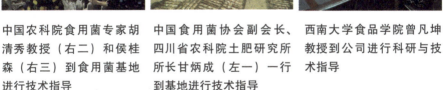

中国农科院食用菌专家胡清秀教授（右二）和侯桂森（右三）到食用菌基地进行技术指导

中国食用菌协会副会长、四川省农科院土肥研究所所长甘炳成（左一）一行到基地进行技术指导

西南大学食品学院曾凡坤教授到公司进行科研与技术指导

图 4-40 专家技术指导

　　"乡坛子"系列产品以其风味、品质、观感深受专家好评，深受客商青睐和消费者喜爱，享有良好的市场口碑。其制作技艺独到精湛，传承久远，以"夔州泡菜制作技艺"之名，于 2019 年被列为第六批"重庆市非物质文化遗产"。"乡坛子香菇酱"（见图 4-41）与"奉节脐橙""奉节盬子鸡"被誉为"奉节三绝"。"乡坛子香菇酱"已获得"中国国际农产品交易会参展农产品金奖""中国国际食品博览会金奖""中国国际农业博览会名牌产品""2020 重庆好礼旅游商品大赛银奖""2020 年中国特色旅游商品大赛铜奖""重庆市优质

扶贫产品"等多项荣誉称号，其在 2010 年还作为巴渝名优特产品入展上海世博会。"乡坛子香菇酱"现已进入家乐福、沃尔玛、大润发、乐购、永辉等大型连锁超市，还远销美国、加拿大、日本及东南亚，并在天猫、抖音、微店、拼多多、快手、832 消费扶贫平台、重庆馆消费扶贫平台开设了旗舰店，其还通过平安好车主、平安好医生、平安壹钱包、三峡 E 购、农业银行兴农商城、国美真快乐等机构电商平台销售产品，并建立了分销渠道，实现了线上线下融合。

图 4-41　乡坛子香菇酱

为提高产品质量，公司一直注重绿色食材的培育和种植，充分利用奉节山川俊秀、水土温润、立体气候明显、适宜种植各种高品质蔬菜的特点，不但建立了 10 个绿色食材种植基地（见图 4-42），5 000 亩原料带动基地，还严格把关整个生产流程，从选种到育株，从种植到采摘，切实保证原料的纯净和可靠，成为"国家杨凌农业高新技术产业示范区农业科技示范推广基地""全国巾帼脱贫示范基地"。

食用菌种植基地

辣椒种植基地

蔬菜种植基地

农业科技示范推广基地

图 4-42　绿色食材种植基地

　　公司在行业里有一定知名度、代表性和影响力，是重庆市企业家联合会理事单位、重庆市食品工业协会监事单位、重庆市农产品加工企业协会理事单位、重庆市食用菌协会副会长单位、中国食用菌协会理事单位等，是重庆股权转让交易中心开设的首批挂牌科技创新板企业。国家和重庆市、奉节县有关领导都曾亲临公司考察、调研、指导，给予了公司莫大的关心和照顾（见图 4-43）。

中央政治局常委、全国政协主席汪洋（中）时任重庆市委书记，听取汀来公司董事长汪丽平（右）汇报企业情况

重庆市副市长李殿勋（左二）在县领导的陪同下深入汀来公司调研

奉节县委书记杨树海（右）深入汀来公司食用菌产业基地调研

图 4-43　领导考察、调研、指导

公司在汪丽平同志的带领下，不仅自身得到了长足发展，还具有强烈的社会责任感，几十年来一直坚持"热爱公益，帮扶贫困，共同富裕"的理念，在带动 3 800 户农民参与种植及初加工的同时，长期无偿捐款捐物，在行业内作出了表率，先后被评为"奉节县消费扶贫十佳带贫优秀企业""奉节县慈善之星"（见图 4-44）。

2014 年，奉节县发生"8.31"特大洪涝灾害，汀来公司积极捐资捐物，
献爱心，帮助灾区人民重建家园

捐赠公平镇九岭村会议室桌椅 1 套、空调 1 台、电脑 1 台，价值 20 000 元　　捐资助学，奉献爱心　　给残疾姑娘赠送电脑、电视机

图 4-44　公益事业

经过 20 年的发展，公司现已拥有成熟的加工技术、完善的销售网络、先进的产业化运作模式、优秀的生产经营管理团队，以及现代化食品洁净加工车间及全自动化生产线。站在新起点，踏上新征程，公司一定会以习近平新时代中国特色社会主义思想为指导，以高度的社会责任感和"诚信、务实、优质、高效"的企业精神，积极进取，顽强拼搏，勇于改革，不断研发优质的绿色食用产品，满足居民高品质生活需要，进一步发挥龙头企业的引领带动作用，在乡村振兴及推动当地产业结构调整和地方经济发展的进程中，作出更大贡献，力争成为渝东北三峡库区城镇群的食品加工产业领军企业。

十、奉节夔凤酒业有限公司

重庆奉节夔凤酒业有限公司（见图4-45）成立于2018年4月，是集农产品深加工研发、生产、销售于一体的综合型企业，位于重庆市奉节县安坪镇扶贫车间，主要经营果酒、养生药酒、花蜜酒等。公司占地面积1 000余平方米，配备20多个专项车间，已建成集智能恒温发酵系统、果酒无菌生产线、标准化灌装线的智能生产体系，年产量能达5 000余吨，产值超过5亿元。公司拥有专利、商标、版权等70多项，是一家年轻的科技型企业。公司现为奉节县青年商会会员单位、阿里巴巴诚信通会员单位，并在奉节县2020年第三届种子投资基金创业大赛中荣获二等奖。

图4-45　奉节夔凤酒业有限公司

公司前期以奉节脐橙果酒为主打，融合独特的奉节山水和深厚的夔州文化等打造出具有奉节地方特色的果酒品牌——醉白帝，包括醉白帝-橙酒、醉白帝-脐橙酿、醉白帝-魏、醉白帝-蜀、醉白帝-吴、醉白帝-渝珍葛。

夔凤酒业有限公司深入贯彻国家有关农业发展政策，在帮助贫困户增收致富的同时，严格把控生产加工每一细小环节，在果酒中最大限度地保留了奉节脐橙的氨基酸、维生素C及人体所需的多种微量元素。因此，醉白帝一出世，就受到消费者的青睐，目前销售量已突破10万瓶。2020年11月，奉节夔凤酒业有限公司正式签约入驻天怡国宾大饭店，饭店前台大厅、会议厅前台、高端套房内均配有夔凤酒业的产品，供客人了解、选择。

现阶段，公司正致力于打造现代循环农业示范产业园区，建设20 000余平方米酒类生产基地和10 000吨级国际酒窖，年生产脐橙精华、清香型白酒、花酒、养生酒10 000余吨，开发集科学窖藏、资产管理、保值增值为一体的酒类私人窖藏智能系统。

夔凤酒业有限公司将始终尊崇"踏实、拼搏、责任"的企业精神，以"诚信、共赢、开创"的经营理念，以全新的管理、精湛的技术、周到的服务、卓越的品质为生存根本，向消费者提供优质、健康产品的同时，着力打造有影响力的农旅、文旅融合的一流品牌，向县级、市级、国家级龙头企业昂首迈进。

第五章　美味佳肴

特殊的地形，特殊的气候，丰富的资源，勤劳的人民，成就了奉节县独具三峡特色的美味佳肴。奉节县通过美食节等活动评选出了三峡特色美食。部分三峡特色美食如表5-1所示。

表5-1　奉节县三峡特色菜品统计

序	菜名	主要制作单位	序	菜名	主要制作单位
1	奉节紫阳鸡	奉节川东第一锅	51	雪山包	奉节县夔州宾馆
2	竹园汽水盬子鸡	奉节竹园盬子鸡汤锅店	52	风暴鱼	奉节县边三筒
3	鲍氏姐妹养生一品锅	奉节县田园牧歌	53	鸿鑫一品参	奉节县鸿鑫酒楼
4	夔州无渣火锅	奉节县城麻辣空间	54	家常肉末鲜鲍	奉节县夔州宾馆
5	广场特色牛尾巴汤	奉节县城牛尾巴	55	无骨凤爪	奉节县城周氏水煮鱼
6	红汤火锅	奉节县临江门火锅店	56	桂花锅炸	奉节县鸿鑫酒楼
7	黄骨头	奉节公平镇友情村酒店	57	旱蒸土鸡甲鱼	奉节县鸿鑫酒楼
8	肚条排骨汤	奉节县田园牧歌	58	原味萝卜干炒腊肉	奉节县冯坪乡夔锦苑
9	三峡烧鸡公	奉节县品诚烧鸡公	59	毛铁腊肉	奉节县食神王府
10	周氏水煮鱼	奉节县城周氏水煮鱼	60	土家腊排	奉节县兴隆镇开平饭庄
11	小炒河虾	奉节县诗苑大酒店	61	腊肠豌豆	奉节川东第一锅
12	泡菜酸辣鱼	奉节县诗苑大酒店	62	喜丰收	奉节县诗苑大酒店
13	杜甫鲜河养生蛋	奉节县诗苑大酒店	63	风味腊排	奉节县城高峡频湖酒楼
14	锦苑沙泥鳅	奉节县冯坪乡夔锦苑	64	竹笋烧排骨	奉节县鸿鑫酒楼
15	食神松果鱼	奉节县食神王府	65	乡村腊肉土豆丸	奉节县品诚烧鸡公
16	糖醋水咪子	三峡特色鲜鱼酒家	66	小土豆烧排骨	奉节县食神王府
17	跳跳鱼	奉节县城铭程饭庄	67	奉节高山老腊肉	奉节县食神王府
18	皮蛋熘虾仁	奉节川东第一锅	68	铁板牛仔骨	奉节县食神王府
19	草船借箭	奉节县食神王府	69	泡豇豆煸牛排	奉节县田园牧歌

表5-1（续）

序	菜名	主要制作单位	序	菜名	主要制作单位
20	杜甫带鱼	奉节川东第一锅	70	酸汤肥牛	奉节县食神王府
21	一往情深	奉节县夔州宾馆	71	红汤牛蹄	兴隆镇双乳峰农家乐
22	剁椒鱼头	奉节县夔州宾馆	72	干拌牛肚	奉节县蜀泓轩
23	香辣芝麻虾	奉节县城高峡频湖酒楼	73	秘制蛇段	奉节县食神王府
24	青椒干烧辽参	奉节县夔州宾馆	74	泡椒三脆	奉节县城铭程饭庄
25	豆捞鲜鲍	奉节县夔州宾馆	75	杂粮兔丁	奉节县食神王府
26	飘香鳝段	奉节县食神王府	76	五谷丰登	奉节县食神王府
27	双椒鱼片	奉节县城高峡频湖酒楼	77	乡巴佬茄鱼	三峡特色鲜鱼酒家
28	九盘河旱蒸大鲵	奉节县夔锦苑	78	农家合渣	奉节县兴隆镇开平饭庄
29	香辣茶树菇	奉节县鸿鑫酒楼	79	夔州金狮	奉节县食神王府
30	金碗杏鲍菇	奉节县鸿鑫酒楼	80	金沙芋饼	巫溪县商务局提供
31	鸡汁酥排	奉节县鸿鑫酒楼	81	炝炒尖椒	奉节县兴隆镇开平饭庄
32	雪花松树菌	奉节川东第一锅	82	食神象生熊掌	奉节县食神王府
33	农家蔬菜饼	奉节县田园牧歌	83	酱肉箱箱豆腐	奉节县食神王府
34	酸水土豆片	奉节县城高峡频湖酒楼	84	鲍汁土豆泥	奉节县夔州宾馆
35	葵花豆腐	三峡特色鲜鱼酒家	85	食神养生粥	奉节县食神王府
36	白灼菜心	奉节县食神王府	86	鱼米橙香	奉节县食神王府
37	诗城年华	奉节县诗苑大酒店	87	果味鸡丁	奉节县鸿鑫酒楼
38	象生素鲍	奉节县食神王府	88	夔都烤鱼	阿喜烧烤
39	土豆麦面块	奉节县田园牧歌	89	烤全羊	奉节县宝塔坪杏花村
40	高汤萝卜	奉节县食神王府	90	平凤牛肉格格	奉节县平凤小吃
41	富贵开花	奉节县诗苑大酒店	91	老麻水饺	奉节县城老麻抄手店
42	相思红腰豆	奉节县蜀泓轩	92	现炒鳝鱼面	奉节县城万县面馆分店
43	铭程乡村铁板烧	奉节县城铭程饭庄	93	三道拐搭搭面	奉节老县城三道拐搭搭面
44	烧烤系列	奉节县老城右营烧烤店	94	腊味粗粮饼	奉节县田园牧歌
45	羊杂面	奉节县平凤小吃	95	夔州凤爪	奉节县田园牧歌
46	老麻抄手	奉节县城老麻抄手店	96	李氏烤洋芋	奉节县李氏烤洋芋摊
47	泡椒牛肉丝	奉节县城万县面馆分店	97	油条	奉节县城胡氏油条店
48	豌杂面	奉节县城万县面馆分店	98	胖妹牛肉干	奉节县胖妹牛肉干
49	早茶点心	奉节县食神王府	99	夔州鲜包	奉节县城古洁包子店
50	玉米酥饼	奉节县城周氏水煮鱼	100	乡坛子香菇酱精品礼盒	乡坛子食品科技有限公司

　　美食太多，既吃不完，也写不完。因此，我们将在本章第一、第二节中选择一部分被调研到的企业的部分美食予以展示。

第一节　特色宴席

奉节人好客，而且很讲究礼仪，一般逢年过节都会邀请亲朋好友相聚，并以聚集各类美味佳肴的宴席予以款待。

一、三峡第一桌

在"2016年奉节脐橙美食文化节暨扶贫成果旅游产品展示展销会"上，奉节县商务委员会、餐饮商会组织100余家餐饮企业，隆重推出了"三峡第一桌"（见图5-1），令市民和游客大开眼界。"三峡第一桌"原本只有10余道菜，后经食客试吃、专家评选、网络投票等方式丰富了菜品，现由150余道三峡特色菜品组成。

图5-1　三峡第一桌

"三峡第一桌"由40家饭店、40余名大厨烹制而成，分为上、下两层。

第一层以水果为主，主要是奉节特产——脐橙。脐橙产业是奉节第一大种植业，奉节脐橙果型美观、大个皮薄、色泽鲜艳、芳香浓郁、无核少络；果实外观呈短椭圆形或圆球形，脐小多闭合、果皮光洁、细嫩；具有酸甜适度、脆嫩化渣、汁多爽口和清香扑鼻的特定品质，一般为橙色或橙红色；是中国地理标志产品、中国驰名商标，荣获水果流通协会"中华名果"、农业部优质水果、中国国际农业博览会金奖等荣誉。

奉节脐橙（见图5-2）酸甜可口，富含维生素，有醒酒开胃之效，既可直接削皮食用，也可去瓤、压榨成果汁饮用。

第二层以熟食为主，荤素搭配，有盬子鸡、夔门脆虾、长江鲜鱼、纤夫烧肉、木瓜三色炒鳕鱼、香酥糯米鸡、酸水洋芋片（丝）、神仙豆腐、橄榄油、毛铁坨苕

图5-2 奉节脐橙

粉、元宝洋芋、农家包豆腐、包谷醪糟荷包蛋、小米菜羹粥、蒸淡洋芋（红薯）等150余道菜品，基本上代表了三峡菜系。下面简要介绍第二层中的10道民间最具特色菜品，其余特色菜品将在下一节介绍。

1. 盬子鸡

盬子鸡如图5-3所示。

起源：奉节民间传统养生美食，重庆非物质文化遗产美食。

食材：农家高山腊肉、土鸡、大头萝卜、食用养生药材根（枸杞、党参等）。

烹制：用特制器皿盬子汽蒸3小时，化气成汤，借汽蒸熟。蒸制过程中，锅中有水，但盬子里，除了食材，不放一滴水，唯一的湿润是醪糟、料酒调味增香，保持肉质鲜嫩松软。碗状的盬子盖倒满凉水，锅里的水开始沸腾，多孔气柱蒸气猛灌，直抵天盖内面，浸润所有食材，唤醒每一种潜能。观察盬子盖中的冷水，待热传导开始发热发烫，舀出后再加冷水，盬子盖必须时刻保持"冷静"，循环反复，火旺气多，遇冷开始凝结，聚成水滴，落在食材表面，猛火旱蒸，文火煨制，化气为汤。盬子鸡的汤，是自造的蒸馏水，没有任何杂质，逐渐淹没食材，营养滋补。蒸气不断凝结，土鸡的鲜、腊肉的香、各种食材的内在，在蒸馏水中释放、渗透，相得益彰。鸡汤中食材各显其能，入味七分，回味三分，原汁原味。

特点：

一看，汤色纯亮，可视锅底，肉与萝卜，原地未挪；

二闻，原生原味，淳厚绵长，冉冉飘香，透过厅堂；

三品，勺筷探取，骨肉分离，肥而不腻，汤醇味美；

四养，生态天然，绿色健康，阴阳补益，童叟皆宜。

图 5-3　簋子鸡

2. 夔门醉虾

夔门醉虾如图 5-4 所示。

起源：源于水产品的加工，汉族传统民间美食。

食材：鲜活夔门长江虾、黄酒、小米椒、香菜、芥末等。

烹制：鲜活长江虾清水浸养数日后，放入盛有调制好料汁的玻璃器皿中，加盖密闭数分钟，待其酒醉，即可食用。

特点：鲜虾醉态可掬，入口鲜美醇香。

图 5-4　夔门醉虾

3. 神仙豆腐（又名斑鸠凉粉）

神仙豆腐（又名斑鸠凉粉）如图5-5所示。

起源：源于一种植物叶的加工，传统山里农家风味美食。

食材：野生斑鸠叶、草木灰。

烹制：新鲜斑鸠叶捣烂过滤加草木灰碱点浆而成，后加以蒜汁、泡坛酸水等拌制。

特点：晶莹碧绿，滑嫩爽口，营养丰富，纯天然绿色健康食品，是勤劳的山里人民智慧的结晶。

图5-5　神仙豆腐（斑鸠凉粉）

4. 橄榄油

橄榄油如图5-6所示。

起源：源于奉节县第二大种植业——油橄榄果实的加工产业。

食材：橄榄果实。

烹制：橄榄油是由新鲜的油橄榄果实直接冷榨而成，不经加热和化学处理，保留了天然营养成分。

特点：绿色生态，纯植物油，颜色呈黄绿色，气味清香，由于橄榄油营养成分丰富、医疗保健功能突出而被公认为绿色保健食用油，素有"液体黄金"的美誉。研究表明，橄榄油具有非常好的营养保健作用，如能长期食用，能够降低胆固醇，防止心血管疾病的发生；能够改善消化系统功能；能够防止大脑衰老，预防早老性痴呆。酌一小杯，直接入口，润肠清肺。

图 5-6　橄榄油

5. 毛铁坨苕粉

毛铁坨苕粉如图 5-7 所示。

起源：源于三峡深处红薯的加工，早期民间招待客人的美食。

食材：红薯粉。

烹制：将三峡深处生产的红薯打粉、晒干，取干粉适量，用清水调匀，煎熟切坨，配料，炒腊肉，其因如同深巷中铁匠铺的趸子而得名。看见它，就如看到农耕业和手工业。

特点：晶莹透亮，口感绵软。

图 5-7　毛铁坨苕粉

6. 元宝洋芋

元宝洋芋如图 5-8 所示。

起源：民间主要传统食品，盛上桌碗，如同金元宝，秀色可餐。

食材：高山洋芋、猪油。

烹制：洋芋去皮，入锅加猪油、盐巴等佐料翻拌入味后加水蒸熟，待水刚干时，再小火翻炕。

特点：色泽金黄，外焦内熟，香美可口。

图 5-8　元宝洋芋

7. 农家包豆腐

农家包豆腐如图 5-9 所示。

起源：源于农产品黄豆的加工，早期民间招待客人的美食。

食材：石磨豆腐、猪肉肉末。

烹制：豆腐切成三角形块状，厚薄适度，中间开口，油煎至色泽金黄起锅，将肉末佐料灌至豆腐夹层中再蒸熟淋芡。

特点：软滑爽口，食味丰盈。

图 5-9　农家包豆腐

8. 包谷醪糟荷包蛋

包谷醪糟荷包蛋如图5-10所示。

起源：源于玉米的加工，民间产妇坐月子、招待客人的美食。

食材：醪糟、土鸡蛋。

烹制：将三峡深处自然生产的玉米，磨碎至小粒，蒸熟密封，历经发酵至
酒香，即成包谷醪糟。土鸡蛋击破，倒入滚烫的包谷醪糟汤锅中，煮熟即可。

图5-10　包谷醪糟荷包蛋

9. 小米菜羹粥

小米菜羹粥如图5-11所示。

起源：奉节壹盬子鸡店首创。

食材：小米、香菜叶、爆米花。

烹制：小米熬制成羹加入菜叶后起锅上桌，再撒上爆米花。

特点：入口细腻软滑，鲜香养胃。

图5-11　小米菜羹粥

10. 蒸淡洋芋、红薯

蒸淡洋芋、红薯如图 5-12 所示。

起源：汉族传统主食。

食材：精选红薯、洋芋、剁红椒酱。

烹制：红薯、洋芋去皮蒸熟上桌。

特点：解油腻、润肠胃，虽然普通但很受现代城市人的青睐。

图 5-12　蒸淡洋芋、红薯

二、中国名火锅宴

在重庆，比较流行吃火锅，奉节县也不例外。奉节的陶记紫阳鸡汤锅（见图 5-13）于 2004 年就被中国饭店协会、中国第四届美食节组委会评为了"中国名火锅宴"。

起源：奉节竹园民间美食，至今已有上千年历史，后由陶开珍女士根据祖传秘方烹制而成。

食材：以腊香醇和的高山农家老腊肉、乡村敞养的高山土鸡之肥而不腻的鸡肉为主料，配一些当地野生的党参、黄芪、天麻等滋补中药材。

烹制：用陶制煨锅，大火烧开后再用小火进行煨制。

特点：咸鲜、腊香、清汤。

功效：由于鸡肉味甘、微温，富含维生素 C、维生素 E、磷脂、蛋白质，加上滋补中药材，其具有温中补脾、益气养血、补肾益精、增强体力、强壮身体的作用，特别适合营养不良、畏寒怕冷、乏力疲劳的人群，以及月经不调、贫血、虚弱、病后需要补充营养的人群。

图 5-13　陶记紫阳鸡汤（中国名火锅宴）

三、长桌宴

在奉节，历来就传承尊老爱老的中华传统美德。特别是奉节县竹园镇，每到重阳节的时候，就会为七十岁以上的老人摆长桌宴（见图 5-14），而且盐子鸡会作为宴会上的压轴菜，祝福老年人健康长寿。在中央电视台科教频道播出的大型纪录片《中国影像方志·奉节》中，专门报道了奉节长桌宴。

图 5-14　长桌宴

其实，上述介绍的宴席，特别是三峡第一桌和长桌宴，主要是大型宣传活动或重大节日活动时展出使用的，人们在日常生活中款待宾客时，一般达不到这种规模。平时招待客人的宴席，要么是主人按照荤素搭配原则自行点配的，要么是餐饮企业配制的套餐宴。各企业配制的套餐宴各有特色，互有差异。下面仅展示食神王府配制的部分套餐宴，如图 5-15、图 5-16、图 5-17 所示。

图 5-15　食神王府三峡第一桌 1　　　　图 5-16　食神王府三峡第一桌 2

图 5-17　食神王府提供的团年宴

在食神王府提供的上述团年宴中，以牛气冲天宴为例，又有 A、B 两种套餐，具体如表 5-2 所示。

表 5-2　食神王府牛气冲天宴套餐

牛气冲天宴 A 套餐			牛气冲天宴 B 套餐	
凉菜	麻辣小鱼	水豆豉	糊辣翘口鱼	麻辣鸡片
	干拌牛肉	糯米莲藕	烧椒皮蛋	凉拌折耳根
	潮式卤拼	凉拌折耳根	爽口冰草	自制香肠
	泡菜	开胃萝卜皮		

表5-2(续)

	牛气冲天宴 A 套餐		牛气冲天宴 B 套餐	
热菜	三峡之巅	杂粮海参	三峡秘制鸭	葱烧海参
	剁椒长江鱼 3.8 斤	蒜茸粉丝蒸元贝 16 个	清蒸多宝鱼	蒜茸粉丝蒸元贝 16 个
	白灼基围虾 1 斤	铁板牛扒	干锅泉水豆腐	干锅牛杂
	干锅泉水豆腐	虎皮猪尾	旱蒸老腊肉	铁板牛扒
	深井烧鹅半只	风干鹅炖粉条	风干鹅炖粉条	百合蒸南瓜
	干锅一品鲜菌	小炒藕尖	山药炒木耳	生态笋炒腊肉
	上汤娃娃菜	特色樟树港椒	特色樟树港椒	海虾烩鸡脚
	砂锅靓汤	炝炒时蔬	砂锅靓汤	尖椒炒腊拱嘴
				炝炒时蔬
小吃	渔网煎饺	玉米饼	小笼包	玉米饼
水果	时令水果一份		时令水果一份	

第二节　特色菜品

奉节的特色菜品很多，种类也很多，以下我们按荤菜、素菜、小吃三类对部分特色菜品进行介绍，以唤起读者食欲，吸引读者亲临奉节品尝其他美食。同时，前面宴席中已介绍过的盬子鸡等三峡特色菜品在此不再作介绍。需要说明的是，有些特色菜有多家餐饮单位在经营，但本书中只列举了我们调研到的单位，其中有些菜的图片来自《三峡·奉节地方特色美食精选》。

一、荤菜类

名称：**青椒干烧辽参**
主料：**辽参、青椒**
经营单位：**夔州宾馆**

名称：**一网情深**
主料：**大闸蟹、粉丝**
经营单位：**夔州宾馆**

名称：家常肉沫鲜鲍
主料：鲜鲍鱼仔、牛肉粒
经营单位：夔州宾馆

名称：豆捞鲜鲍
主料：鲜鲍鱼、肥牛、玉米
经营单位：夔州宾馆

名称：鲜椒中华鲟
主料：养殖中华鲟
经营单位：鑫鼎酒店

名称：水晶甲鱼
主料：甲鱼、鸽子、冬瓜、西蓝花
经营单位：鑫鼎酒店

名称：松鼠鱼
主料：江鲢
经营单位：鑫鼎酒店

名称：白切鲈鱼
主料：鲈鱼
经营单位：奉节饭店

名称：旱蒸大鲵
主料：养殖大鲵
经营单位：夔锦苑

名称：锦苑沙泥鳅
主料：鲜泥鳅
经营单位：夔锦苑

名称：旱蒸老腊肉
主料：高山老腊肉
经营单位：食神王府

名称：龙腾四海
主料：龙虾
经营单位：食神王府

名称：熙博三宝
主料：甲鱼、鸽子、牛鞭
经营单位：食神王府

名称：深井烧鹅
主料：散养鹅
经营单位：食神王府

名称：三峡之巅
主料：高山老腊肉、高山洋芋
经营单位：食神王府

名称：草船借箭
主料：长江大虾
经营单位：食神王府

名称：金牌烧鸡公
主料：土鸡公
经营单位：品亮城烧鸡公

名称：土家腊排
主料：腊排
经营单位：园溢香饭庄

名称：鲍门爵爷鸡
主料：高山土鸡
经营单位：三峡原乡

名称：秘制仔排
主料：土猪纤排
经营单位：天怡国宾大饭店

名称：铁板美味猪手

主料：猪手、香菇

经营单位：天怡国宾大饭店

名称：仔姜爆鸭俐

主料：鸭俐、仔姜

经营单位：天怡国宾大饭店

名称：XO 酱爆虾榄

主料：活海虾

经营单位：天怡国宾大饭店

名称：避风塘炒海虾

主料：活海虾

经营单位：天怡国宾大饭店

名称：干烧羊蹄

主料：羊蹄

经营单位：双乳峰农家乐

名称：干烧牛蹄

主料：牛蹄

经营单位：双乳峰农家乐

名称：太白水煮鱼
主料：鲢鱼
经营单位：周氏水煮鱼

名称：牛肉格格
主料：牛肉
经营单位：平风小吃

名称：谭家三鲜——刀鱼
主料：刀鱼
经营单位：夔府谭家菜

名称：谭家三鲜——鲥鱼
主料：鲥鱼
经营单位：夔府谭家菜

名称：沸腾长江鱼
主料：鲜活草鱼（或花鲢）
经营单位：欧庭国际酒店

名称：秘制拉菲黄鱼
主料：鲜活黄鱼
经营单位：欧庭国际酒店

名称：渝东鲜椒三黄鸡
主料：土鸡
经营单位：欧庭国际酒店

名称：灯影牛肉
主料：牛肉
经营单位：欧庭国际酒店

名称：雪花松树菌
主料：鸡肉、松树菌
经营单位：川东第一锅

名称：杜甫带鱼
主料：带鱼
经营单位：川东第一锅

名称：烤全羊
主料：山羊
经营单位：双乳峰农家乐

名称：夔州烤鱼
主料：草鱼
经营单位：阿喜烧烤店

二、素菜类

名称：神仙豆腐
主料：斑鸠叶
经营单位：食神王府

名称：高汤萝卜
主料：高山萝卜
经营单位：食神王府

名称：夔州金狮
主料：粉丝
经营单位：食神王府

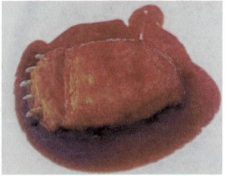

名称：象生熊掌
主料：土豆
经营单位：食神王府

名称：合渣
主料：豆腐渣
经营单位：羊儿山美小吃

名称：富贵花开
主料：豆腐
经营单位：诗苑大酒店

名称：金沙豆腐煲
主料：嫩豆腐
经营单位：天怡国宾大饭店

名称：美味杂粮煲
主料：玉米、紫薯、南瓜
经营单位：天怡国宾大饭店

名称：黄金万两
主料：冬瓜条
经营单位：鑫鼎酒店

名称：夔州青瓜卷
主料：黄瓜
经营单位：奉节饭店

名称：酸水土豆片
主料：土豆
经营单位：高峡频福酒楼

名称：鲍汁土豆泥
主料：土豆
经营单位：夔州宾馆

名称：金碗杏鲍菇
主料：杏鲍菇
经营单位：鸿鑫酒楼

名称：乡巴佬茄鱼
主料：鲜茄子
经营单位：三峡特色鲜鱼酒家

名称：葵花豆腐
主料：豆腐
经营单位：三峡特色鲜鱼酒家

名称：夔州三大坨
主料：土豆、红薯、玉米
经营单位：鸿鑫酒楼

三、小吃类

名称：渔网煎饺
主料：水饺
经营单位：食神王府

名称：王府大包
主料：面粉、秘制酱肉
经营单位：食神王府

名称：招牌虾饺皇
主料：水饺、虾
经营单位：食神王府

名称：特色雪山包
主料：面粉
经营单位：天怡国宾大饭店

名称：砂锅煎饺

主料：面粉、猪肉

经营单位：天怡国宾大饭店

名称：搭搭面

主料：面粉

经营单位：三道拐搭搭面

名称：炕洋芋

主料：土豆

经营单位：羊儿山美小吃

名称：大张凉面

主料：面条

经营单位：大张凉面

名称：农家蔬菜饼

主料：面粉、蔬菜

经营单位：田园牧歌

名称：李包子

主料：面粉

经营单位：李包子

名称：牛肉米线
主料：米线
经营单位：三木米线

名称：乡坛子香菇酱
主料：香菇
经营单位：乡坛子食品科技有限公司

名称：桂花锅炸
主料：面粉、鸡蛋
经营单位：鸿鑫酒楼

名称：羊杂面
主料：面条、羊杂
经营单位：平风小吃

名称：土豆麦面块
主料：土豆、面块
经营单位：诗苑大酒店

名称：夔州凤爪
主料：鸡爪
经营单位：田园牧歌

第三节　特色饮品

一、茶饮

　　"十三五"期间，奉节政府扎实推进脱贫攻坚工作，结合当地气候、海拔、土壤等多种因素，于2016年在草堂镇的桂兴村、双凤村通过实施土地流转政策，从浙江安吉引进白茶，形成了2 300亩的白茶基地（见图5-18）。后经扩产，目前8个乡镇的15个村已种植8 000余亩白茶，计划将达到100 000亩。奉节白茶（见图5-19）的氨基酸含量高达21.99%，硒元素含量达0.053 3%，是白茶中的珍品。其在2021年首次参展第14届重庆茶博会，就以白化度高、滋味鲜醇而获得专家赞许，成为组委会推荐特色产品。此外，奉节县九品茶业有限公司（见图5-20）奉节白茶还获得了"2021'重庆好礼'旅游商品（文创产品）大赛"金奖。

图5-18　白茶基地　　　　　　　图5-19　奉节白茶

图5-20　奉节九品茶业有限公司

二、酒饮

1. 李白酒

奉节县积极利用地方资源，深入挖掘美食文化，在大力打造三峡菜的同时，也积极打造"李白酒"。

2018年，奉节县专门开展了"绿满夔州·花漾奉节'李白酒'评选活动"（见图5-21）。该活动由奉节县商务局主办，奉节县食品药品监督管理局、奉节县工商局、食神王府协办。

经过专家们的眼观、鼻闻、嘴品、脑辨，从外观、内质角度，分别评选出了"李白酒"老酒和新酒的代表。老酒入围的是公平酒厂、梗植商贸公司（四年陈酿高粱酒）、夔府醇（七年陈酿）；新酒入围的有梗植商贸公司（高粱酒）、夔雄佳酿（纯粮纯酿）。其中，邬慈雄的神仙洞酒厂（夔雄佳酿）在78家酒厂中获得第一名。

图5-21　李白酒评选活动

2. 醉白帝

醉白帝是重庆奉节夔凤酒业有限公司生产的，其主要有六个品牌：醉白帝-橙酒、醉白帝-脐橙酿、醉白帝-魏、醉白帝-蜀、醉白帝-吴、醉白帝-渝珍葛。其中，前5个是以奉节脐橙为主料酿造，渝珍葛是以野生葛根为主料酿造。在2021"重庆好礼"旅游商品（文创产品）大赛暨外事礼品征集活动中，"醉白帝-橙酿系列"成功入围2021"重庆好礼"外事礼品名单（见图5-22）。

图5-22 入围2021"重庆好礼"外事礼品

醉白帝-橙酒（见图5-23）。该酒设计由莫高窟、工笔画、读音等元素构成，配色方案采用的是壁画近色，线条采用的是工笔描边，主题是李白的"朝辞白帝彩云间"，让消费者在品味橙酒时，恍惚间穿梭时空，与人类魂宝重逢，沉浸在艺术的光影之间，远离聒噪，探寻诗意快活的浪漫情怀，惊醒时，酒已不再是酒，酒瓶上的画也不再是画，留下的是升华后的宁静，其价值只因这回首间，酒非酒，画非画。

图5-23 醉白帝-橙酒

醉白帝-脐橙酿（见图5-24）。该酒瓶身以水墨山水为基调，在抒发三峡夔门的山水情怀之外，也指代了黑白灰的平淡生活，鲜亮的脐橙形象犹如朝阳旭日东升，唤醒了这惬意的山水世界，脐橙正如这轮东升的旭日，为平淡的生活添了几分艳丽，为麻木的味蕾增添几分刺激。

图 5-24 醉白帝-脐橙酿

醉白帝-魏。醉白帝-魏,把酒言欢后,在铜雀台上,众多"建安文学"的代表人物在此慷慨任气、直抒胸襟。公司把铜雀台的故事写进每一个发酵的日夜,用八年的沉淀,唤醒深埋心中的那份建安豪情。

醉白帝-蜀。醉白帝-蜀,是沉淀了五年的清香型白酒,其入口平和,不争不抢,不会让舌根一下就受到猛烈的刺激,其回味醇厚,就如那奉节的白帝城,经岁月流过,更显风华。

醉白帝-吴。醉白帝-吴,是沉淀了三年的清香型白酒,其入口丝滑,不辣喉,宛如出生般稚嫩,其口感极柔,似江南小镇的淡雅温柔。

醉白帝-渝珍葛(见图 5-25)。渝珍葛采用野生葛根发酵而成,将葛根的天然元素融入酒中,相对于传统泡酒,风味更加浓厚。其瓶身上是葛根自然生长形态的艺术体现,暗纹和金纹的相互配合,使得渝珍葛充满底蕴又风度翩翩,低调又不失尊贵,左右对称的花纹如夔凤的翅膀,象征着吉祥如意、平安祥和。

图 5-25　醉白帝-渝珍葛

三、冷饮

　　奉节冷饮很多，不仅是酒店、餐厅有售，还有专门从事冷饮销售的门店，也有移动销售的。奉节冷饮品种涉及果汁、冰激凌、奶茶、沙冰、刨冰、烧仙草、可乐、酸梅汤等，几乎市面上有的冷饮奉节都有（见图 5-26）。

图 5-26　奉节冷饮

第六章　餐饮文化

　　优秀传统文化是我们祖先在历史的岁月中沉淀下来的具有积极进取精神的物质文化和精神文化总和，是我们民族进步和国家繁荣昌盛的不竭动力，是我们的精神家园。而中华餐饮文化博大精深、源远流长，就连孙中山先生在《建国方略》中都说："我中国近代文明进化，事事皆落人之后，惟饮食一道之进步，至今尚为各国所不及。"这些优秀餐饮文化，需要我们去传承和发扬。正如习近平总书记 2019 年 8 月在敦煌研究院座谈时，就敦煌文化强调：要揭示蕴含其中的中华民族的文化精神、文化胸怀，不断坚定文化自信。

　　党的十九大报告指出："文化自信是一个国家、一个民族发展中更基本、更深沉、更持久的力量。"奉节能进入全国美食地标城市名录，不仅仅是奉节有让人咂嘴舔舌的佳肴美馔，更重要的是奉节有底蕴深厚的美食文化。正是奉节的美食文化，让奉节和奉节美食得以深沉、持久地发展。

　　历年来，奉节餐饮行业的政府管理部门、餐饮企业、从业人员一直注重餐饮文化挖掘、传承、发扬、创新，结合地方餐饮行业的实际，不断推进餐饮产业与餐饮文化的融合，取得了较好成效。

　　奉节是三峡地区历史文化名城，其餐饮文化贯穿于奉节发展的整个历史时期，体现在各个方面、各个环节之中。底蕴深厚的奉节餐饮文化，有历史、有故事、有内容、有载体，正是"民以食为天"的具体展现。就历史而言，奉节人民早在 6 000 多年前，就创造出闻名全国的大溪文化。据考古发现，当时已有碗、钵、罐、盘、盆等陶器。在明清时期，奉节就已有盬子鸡制作技艺。后来的湖广填川、三峡移民等，均赋予了奉节餐饮深厚的历史文化。就故事而言，第一章介绍的杜甫晒枣、鲍超赐汤等故事不胜枚举。就内容而言，奉节餐饮文化主要体现为：菜品文化（各类菜品曾撑起了"川东菜"的大旗，现已发展为"三峡特色菜系"）、小吃文化（搭搭面、大张凉面、斑鸠叶凉粉、雪山包等各有千秋）、宴会文化（"重庆火锅名宴""三峡第一桌"、盬子鸡宴等荤素搭配）、餐厅文化（如泰悦酒店，墙上有歌、有赋、有诗、有鹽，让人一进入就领略到鹽子鸡的文化）、营销文化（充分利用"互联网+"进行宣传、推销，有电视报道、新闻推广、著作发行、消费者点评等），形成了良好的口碑，如常引航所写文章《鹽子鸡闻香欲醉，细品尝初恋之味》《初恋之味鹽子鸡，初至名归珍馐馔》，欧庭国际酒店曾荣获"2018 美团点评消费者推荐酒店"、携程旅行口碑榜"2018 最佳酒店餐饮奖"。在本书中，我们将从诗、歌、赋、书、馆、墙、非遗等方面重点介绍奉节餐饮文化的载体。

第一节　餐饮诗

众所周知，奉节享有"中华诗城"的美誉，其不仅是因为有李白、杜甫、白居易、刘禹锡、陆游、范成大、王十朋、苏轼、黄庭坚、孟浩然、欧阳修、桓温、陈子昂、卢照邻、沈佺期、王维、孟郊、韩愈、高适、元稹、李贺、张说、司空曙、张祜、杨炯、薛涛、郑谷、戴良、李益、杨慎、王士祯、张问陶、释齐巳、沈庆、李调元、王知人等历史著名诗人在奉节留下了众多优秀诗篇，还因为有谢觉哉、刘伯承、陈毅、郭沫若、黄炎培、贺敬之等一大批名人在奉节激情吟诗多篇，有近、现代本土诗人张伯翔、毛子献、周子游、金树榕、吴质清、毛咏衡、秦礼林、刘华嫛、胡焕章、张奎、唐刚、甘立敏等撰写了有典雅风韵、乡土气息的佳作。此外，奉节本土诗人唐刚在 2017 年的"中国新诗百年"全球华语诗人诗作评选活动中，获得"新诗百年百位最具活力诗人奖"；奉节"农民诗人"甘立敏于 2020 年登上了央视《中国诗词大会》（第五季）。

历代墨客骚人、文人高士、达官贵人、革命英杰及奉节本土诗人在奉节撰写的诗作中，有不少是与餐饮有关的，其中以杜甫居多。同时，在现代生活中，也有民间诗词爱好者撰写了不少赞颂奉节美食的诗词。下面列举 10 首与奉节餐饮有关的诗，供读者鉴赏。

1. 槐叶冷淘（杜甫）
青青高槐叶，采掇付中厨。新面来近市，汁滓宛相俱。
入鼎资过熟，加餐愁欲无。碧鲜俱照箸，香饭兼苞芦。
经齿冷于雪，劝人投此珠。愿随金騕褭，走置锦屠苏。
路远思恐泥，兴深终不渝。献芹则小小，荐藻明区区。
万里露寒殿，开冰清玉壶。君王纳凉晚，此味亦时须。

2. 信行远修水筒（杜甫）

汝性不茹荤，清静仆夫内。秉心识本源，于事少滞碍。
云端水筒坼，林表山石碎。触热藉子修，通流与厨会。
往来四十里，荒险崖谷大。日曛惊未餐，貌赤愧相对。
浮瓜供老病，裂饼尝所爱。于斯答恭谨，足以殊殿最。
诅要方士符，何假将军盖。行诸直如笔，用意崎岖外。

3. 阻雨不得归瀼西甘林（杜甫）

三伏适已过，骄阳化为霖。欲归瀼西宅，阻此江浦深。
坏舟百版坼，峻岸复万寻。篙工初一弃，恐泥劳寸心。
伫立东城隅，怅望高飞禽。草堂乱悬圃，不隔昆仑岑。
昏浑衣裳外，旷绝同层阴。园甘长成时，三寸如黄金。
诸侯旧上计，厥贡倾千林。邦人不足重，所迫豪吏侵。
客居暂封殖，日夜偶瑶琴。虚徐五株态，侧塞烦胸襟。
焉得辍两足，杖藜出岖嵚。条流数翠实，偃息归碧浔。
拂拭乌皮几，喜闻樵牧音。令儿快搔背，脱我头上簪。

4. 白小（杜甫）

白小群分命，天然二寸鱼。
细微沾水族，风俗当园蔬。
入肆银花乱，倾箱雪片虚。
生成犹拾卵，尽取义何如。

5. 戏作俳谐体遣闷二首（杜甫）

异俗吁可怪，斯人难并居。
家家养乌鬼，顿顿食黄鱼。
旧识能为态，新知已暗疏。
治生且耕凿，只有不关渠。

6. 盐子鸡诗（龚绍虞）

鸡不开叫腊肉香，
大头萝卜配生姜；
不用生水自有水，
文武火用小火常；
骨肉相离最适味，
阴阳相调最壮阳。

（注：龚绍虞写此诗时，没有题目，盐子鸡诗是本书作者所加）

7. 醉白帝-橙酒（夔风酒业有限公司）

采奉节诗橙，撷三峡雨露。

御夔门仙风，酿橙酒佳品。

8. 夔雄（邬湘辰）

料峭春风吹酒香，

神仙洞里多年藏。

祖传酿制醇玉液，

川渝殊荣醉八方。

9. 诗城脐橙果中王（袁祚萱）

杜甫种果在草堂，银花黄果四季香。

夔州脐橙千百年，超高维C众称棒。

奉节脐橙果金黄，风味独特人赞赏。

皮薄汁多口感好，食客品尝味道爽。

累累金果挂树上，汁甜肉甘获金奖。

酸甜适度食客赞，橙果飘香添吉祥。

诗城脐橙果中王，网上网下营销畅。

货真价实诱人果，金色脐橙人气旺。

果甜适度味道好，亿万食客人人赞。

诗城奉节好地方，脐橙美名天下扬。

10. 今良辰吉日（常引航）

轻歌曼舞朋友聚

开业大吉示情意

生意红火日俱新

蓬荜生辉来道喜

汽水罐子稀珍汤

浓郁飞扬千里香

如此佳肴竹园有

千城百味堪称王

第二节　餐饮歌

奉节餐饮行业中的美食歌曲很多，不但有儿歌，如《吃奶歌》《侧耳根》《胡萝卜，蜜蜜甜》等，还有美食创作歌曲，如《奉节脐橙香又甜》《竹園鹽子鸡之歌》等。

1. 奉节脐橙香又甜①

词：高达才　　曲：王中久

夔门艳阳天，秋高气爽，硕果金黄，脐橙飘香。

奉节的脐橙是黄霜霜，奉节的脐橙是金晃晃。薄薄的果皮厚厚的瓣，脆生生的果汁在流淌。家乡的美味甜蜜蜜，勤劳换得果飘香。贵客请到夔州来，脐橙的美味醉心房。

奉节的脐橙是黄霜霜，奉节的脐橙是晶靓靓。浓浓的乡情绵绵的意，乐滋滋的笑声神采扬。夔州的果香飘南国，沁人的芬芳醉北疆。奉节的脐橙果中王，赞美的歌声传四方。

硕果金黄，脐橙飘香，金色的硕果，金色的路，香甜的日子万年长。

（歌曲 MV 截图见图 6-1。）

---

① 歌词根据视频整理而成。视频网址：https://v.qq.com/x/page/u0181xhkwp9.html。

图 6-1　歌曲 MV 画面

2. 竹园盐子鸡之歌

词：常引航　刘俊　　曲：王中久

三峡古镇哟，看竹园，竹园的小吃多又鲜，走进那光溜溜的石板路哟，那盐子鸡，盐子鸡，盐子鸡的香味哟，飘呀飘呀，飘呀飘呀，飘过了几座山。

瑞雪纷飞兆丰年，亲朋同醉笑开颜啰，山里人就话他个人快活哟，嘿哟嘿哟，嘿哟嘿哟，嗨嗨！那盐子鸡的美名嘞，美名天下传啰！

（歌曲曲谱见图 6-2。）

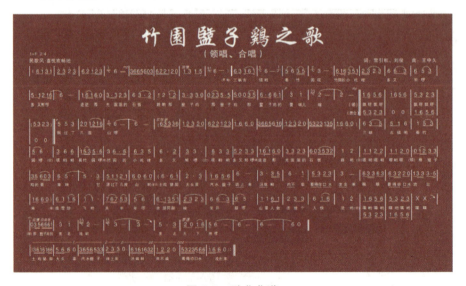

图 6-2　歌曲曲谱

3. 奉节盐子鸡之歌

作者：常引航

青山绿水，农家炊烟，怎不让我把你想念，想到青山绿水，想到盐子鸡哟，来自民间，器皿独特，味道缠绵，多少次拨动我的心弦！

啊！

我的老家，古镇竹园，我在梦中被你呼唤！

啊！

盐子鸡哟，味美汤鲜；重庆市的非遗，美食名片，你的历史悠久，文化渊源。

第三节　餐饮赋

1. 汀来泡菜赋

泱泱中华，莽莽渝巴。五千年历史，数万里河涯。《诗》曰："天生蒸民，有物有测。"是故形胜之地必孕灵物，淳化之乡必衍绝艺。自禹祖通关，天堑西来，潾潾滔滔，裹浪携沙，冲积成洲，附岸成汀。先民居水，汀岸为村。封江连云，烟笼汀畦之菜；横渚迷川，雾蒸岸陌之花。凡草俗苗，地灵而育成异品；汀来陶坛，技巧而菹为珍味。色鲜质嫩，迥异凡物。由是薪火相传，味飨南北尊卑；口耳互授，益养古今愚贤。思源顾名，是渭"汀来"。

材取荤素花膳，味兼酸辣甜咸。食则生津开胃，提神祛寒；功可佐餐助厨，降脂葆颜。布衣皇室，一日不可或缺；茅舍王庭，三餐赖食而甘。每若朔望之夜，盈蚀之期，风清月洁，籁静人闲。翁媪氓妇，三五类聚，随姿蹲坐，漫意说谈。摇薄扇以挥流萤，哺烈酒而佐泡鲜。椒姜葱蒜，麻辣脆酸。恣情酣畅，实赏心之乐事；爽兴淋漓，赛快意之散仙。吐气咋舌，赫赫八尺义士；评风批月，彬彬一代辞宗。若其求极辣以尽瘾，寻猛味而尽酣者，辣借酒燥，酒助辣辛，泪下汗涌，眉紧舌嘘。但求尽饮西江水，一举扑灭肠内烟。嗟乎，率意本性，人情天伦；佛祖逾墙，圣贤弃经。

杜康造酒，陆羽沏茶；伦翁革纸，道婆纺纱。五行八作，各尊始祖；三教九流，各显方家。惜乎泡菜之宗，姓氏难考；所幸汀来新菜，祖技真传。名追古意，秉袭三千年先人之巧术；业创新篇，更赖西农大科技之新法。推"汀来"而成系列，冠巴渝而树独家。出关创汇，补地方十载之缺空；渡海越岸，销美日二强之异邦。迁厂增制，万吨成品线竣功；兴乡富民，万户种植农获益。科技三番革旧，产权五项独立。"乡坛子"新标另创，博览会金奖连誉。

异乎哉，汀来泡菜！闾巷荆钗微末之技艺，于今地方先锋之产业。从来业无贵贱，唯精为能。物尽其奇，艺尽其精，则何菜不珍？人尽其才，德尽其嘉，则何营不兴。

天地大泡坛，泡坛小乾坤。非惟泡菜，斯亦做人。

作者：汤传举，奉节县永安中学高中语文教师，擅作赋文，作品有《鱼复赋》《永安中学赋》《忠义武侯赋》等，2011年6月参加上海"松江赋"征文比赛获优秀奖。

2. 乡坛子赋

2021年3月，重庆市汀来绿色食品开发有限公司投资成立了重庆乡坛子食品科技有限公司，汤传举老师又创作了《乡坛子赋》（见图6-3）。

自古形胜之地必孕灵物，淳化之乡必衍巧术。夔州乡坛子泡菜，巴渝非物质传承之认证门户。夔中先民，劳作林野，卜居江浒。抟黄泥以为坛，菹青苗而成酢。瓦罐山蔬，演就经世之艺技；凡草俗苗，得幸君子之口腹。维此乡坛之杂素，遂跻天地之食禄。由是薪火相传，口耳互嘱。味飨南北尊卑，益及击天文武。

材取乎春秋冬夏，味兼于酸辣甜咸。王公布衣，一日不可或缺；朱门柴户，三餐无此不甘。陆羽煮茶，道婆纺纱。惜乎泡菜之祖源，难考宗嗣；所幸乡坛之古艺，妙开时花。科研院所助力以科技，绿色技术领军于渝巴。推"乡坛子"而渐成系列，出大三峡而旺销京华。线上线下融合，物流配送畅达。出关创汇，肇开夔门自营出口之先河；载誉蜚声，荣膺县内"著名商标"之首家。回哺乡农，助力脱贫，振兴乡村，功在无涯。

嗟乎，莫道寻常泡菜，实堪道义文章。自《诗经》"中田有庐，疆埸有瓜。是剥是菹，献之皇祖"，至于今三千又一百年光，其间百技兴衰生灭，人世涅槃沧桑。几多山河易主，而泡菜古艺长芳。乡坛子立业，廿载有余，历大浪淘沙，观百舸渡江。或有舟沉水底，或有帆济江洋。乡坛子得于平湖岸上，与时相襄，与地相彰，与民相昌。幸能成其大，复能致其强。今非遗承传之誉，认证在册；区域慈善之星，闪烁其芒。古贤者云，世间若有千年业，必是仁晖善泽光。

《诗》曰："天生蒸民，有物有则。"天地大泡坛，泡坛小乾坤。非唯泡菜，斯亦做人。

图6-3 《乡坛子赋》

3. 竹园鲊子鸡赋

夔北竹园，气接巴山，脉来轿顶，竹林掀涛，茂郁葱茏，一水环绕，三桥拱卫，碉楼高耸。当渝陕之要冲，历千载而欣荣，青石铺街，板木为壁；仰前贤之遗风，才俊风流，承儒商之传统，店铺林立，游人摩肩，商旅接踵。

竹园林茂草丰，人们靠燃烧柴草做饭或御冬，腊月飞雪，家家宰年猪贺春节，为保存方便，将鲜肉腌制，满七日之期，将肉悬挂火炉上空，先风干水分，再点燃柏枝、不见火光，只有香烟袅袅，慢慢熏烤。竹园鲊子鸡，一方腊猪脚，一只土公鸡，陶瓷鲊子为炊具，巧妇添上大头菜，玉手牵来山泉水，猛火旱蒸，文火煨制，蒸制3时，化气为汤，汤质清徹，肉质鲜嫩。

20世纪80年代末，中共中央领导自北京来，序属三秋，枫叶正红，轻车简从，下榻竹园。精作鲊子鸡，盛情待贵宾，猪腿金红，鸡子鲜嫩。主人尽夔州之美，客人尽市县大员，初尝一口，满口生津，再吃一口，爽彻脾肝，腊香浓郁，醇正酥软，味道绵长，笑盈两腮，主人尽兴，客人尽欢。从此，竹园鲊子鸡，又名"紫阳鸡"，天下流传。

央视《中国味道》《美食中国》《消费主张》《探索发现》《中国影像方志》《中国地名大会》《味道》诸栏，出彩竹园鲊子鸡，如名曲萦绕九垓，声誉鹊起，蜚声全国。

常氏刘氏，对盬子鸡，耳濡目染，情有独钟，潜心钻研，越日积年，细揣厨艺，得制作之神髓，获先人之秘传，传统制作方法，得以保留传承。2011年4月，竹园盬子鸡，申为重庆市非遗，授引航刘俊，为非遗传人。

非遗传人，强强联手，入泰悦酒店，夔门印像，拥黄金店铺，注非遗文化，厅堂华丽，墨香饰柱，花卉满园，滨江赏景，美食助兴，生意火红，客来三江，宾自四方，黄发垂髫，妖女童男，客人满座，风流文采，轻拈鸡腿，细品腊肉，慢声软语，神态悠然。把酒话旧，则增友谊万千；坐而谈商，则广进财源。绅士难舍，小姐回眸，"盬子鸡之宗"，交口称赞！

噫！人生得意须纵酒，佳肴美酒助尽欢！诗城奉节，自古文人荟萃，秀丽山川，"桃源意在深处，涧水浮来落花"。桃源耶？闹市耶？超然物外，宠辱偕忘，则闹市亦桃源。

美哉、竹园盬子鸡！珍馐美馔，美食名片，食之品之，闹市为桃源！

作者：龙占明，重庆奉节县永安中学退休教师，现为夔州杜甫研究会副会长；常引航，竹园盬子鸡传统制作技艺代表性传承人。

其实，《竹园盬子鸡赋》有三个，因为竹园人善于根据时代的变迁和盬子鸡技艺发展而创新餐饮文化。上面的《竹园盬子鸡赋》就是作者2021年最新修改后的作品。最早的盬子鸡赋由常引航写于2009年3月，并制作成了牌匾，2019年10月进行了修改。具体内容如下：

夔北古镇竹园坪，气接巴山，脉来九龙，承天地之灵气，吞日月之精英。竹林掀涛，茂郁葱茏，一水环绕，三桥拱卫，碉楼高耸。登金狮可览胜景，逸兴遄飞；攀白马直入画屏，疑为桃源。当渝陕之要冲，历百载而欣荣，青石为街，板木为壁。仰前贤之遗风，才俊风流，承儒商之传统，店铺林立。游人摩肩，商旅接踵。

竹园林茂草丰，人们靠燃烧柴草做饭或御冬。腊月飞雪，家家宰杀年猪贺春节，为保存方便，将鲜肉腌制在盆中，七日期满，将肉悬挂在火炉上空，先风干水分，再点燃柏枝、树丫，不见火光，只有香烟袅袅，慢慢熏烤。一方腊猪脚，一只土公鸡，陶瓷盬子为炊具，巧妇添上自制大头菜，玉手牵来山泉水，猛火旱蒸，化气为汤，肉质鲜嫩酥软，汤质清澈浓香，肥而不腻，瘦而不柴。逢年过节，款待贵客，生朝满日，产妇坐月，久病体虚，功能各别。

20世纪80年代末期，中央领导自北京来，序属三秋，枫叶正红，轻车简从，下榻竹园。当地厨师精作竹园盬子鸡，款待贵宾，猪腿金红，鸡子鲜嫩。主人尽夔州之美，客人尽市县大员。初尝一口，满口生津，再吃一口，爽彻脾肝，腊香浓郁，醇正酥软，味道绵长，笑盈两腮，主人尽兴，客人尽欢。从此，竹园盐子鸡又名"紫阳鸡"，天下流传。

竹园盐子鸡，奉节县志有记，历时二百余年。二〇一一年，被重庆市人民政府，命为非物质文化遗产。常氏刘氏，从小耳濡目染，情有独钟，潜心钻研，越日积年，细揣厨艺，得制作之神髓，获先人之秘传。授常引航、刘俊为竹园盐子鸡传统制作技艺代表性传人。

正宗传人，黄金地段，觅店铺一片。墨香饰柱，花卉满园，客来三江，宾自四方，黄发垂髫，妖女童男。客人满座，风流文采。轻拈鸡腿，细品腊肉，慢声软语，神态悠然。把酒话旧，则增友谊万千；坐而谈商，则广进财源。绅士难舍，小姐回眸，"盐子鸡之宗！"交口称赞。

竹园盐子鸡，植根大山，器皿别致，形似古董，奉节珍奇。央视二台《消费主张》，拍摄竹园盐子鸡，声誉鹊起；应《中国味道》之请，亮相《星光大道》演出厅，如名曲萦绕九垓；珠海台《食客准备》，上演竹园盐子鸡，倍受青睐；台湾中天台，演绎竹园盐子鸡，蜚声海外，《中国味道》《中国地名大会》《美食中国》《中国影像方志》《探索发现》《味道》都有竹园盐子鸡的身影，荣登大雅之前堂。

噫！人生得意须纵酒，佳肴美酒助尽欢！诗城夔州，自古文人荟萃，秀丽山川，"桃源意在深处，涧水浮来落花"。桃源耶？闹市耶？超然物外，宠辱偕忘，则闹市亦桃源。

美哉，竹园盐子鸡！实至各归，珍馐美味，夔州美食名片，食之品之，闹市为桃源！

上述内容是 2019 年 10 月修改后的《竹园盐子鸡赋》，最早写于 2009 年的赋见图 6-4。

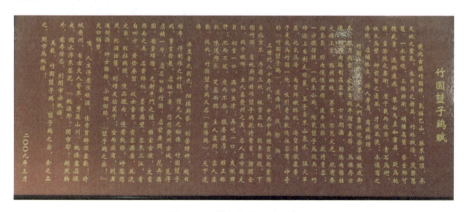

图 6-4　《竹园盐子鸡赋》

第四节 餐饮书

奉节不但注重餐饮文化的挖掘与创新，而且还有行业管理部门工作人员、行业专业人士等通过收集、整理、研究，将成果编成书籍予以出版。

与奉节餐饮相关的书籍较多，如《新唐书》《奉节县志》《奉节非物质文化遗产概览》《三峡·奉节地方特色美食精选》《重庆生活手册》等（见图6-5）。这些书籍各自从不同方面、不同角度涉及奉节餐饮的历史、故事、佳肴、非遗等不同内容，既是奉节餐饮文化成果的总结，又能达到向社会宣传奉节餐饮文化的目的，还可以让读者了解奉节餐饮，增加餐饮知识，积淀文化底蕴。

张世潮主编的《奉节非物质文化遗产概览》（2015年8月，光明日报出版社）介绍了重庆市非物质文化遗产——盐子鸡制作技艺和奉节县非物质文化遗产——杜甫晒枣、郭家沟老白干、老腊肉、斑鸠叶凉粉制作技艺，以及这些非物质文化遗产的代表性传承人。

2013年，由当时的奉节县商务局、奉节县餐饮商会编制的《三峡·奉节地方特色美食精选》一书，不但分类介绍了三峡特色菜品，还介绍了夔州紫阳鸡、太白水煮鱼、鲍氏养生一品锅等美食的历史故事，很值得餐饮爱好者一读。

图 6-5　餐饮书

此外，《奉节县志》介绍了奉节餐饮行业的发展历史；《重庆生活手册》介绍了奉节的小吃十强、特色餐馆十强及十佳酒店（见图6-6）。

图 6-6 《重庆生活手册》

第五节　博物馆

奉节建有诗城博物馆、夔州博物馆、白帝城博物馆，其中或多或少都涉及一些餐饮历史文化内容，只是不属于重点而已。同时，奉节还建有盬子鸡博物馆（位于夔门印像美食街区，因美食街区的改造、扩建，现已撤除，待重建）。

为了搜集、保存、研究、展览、教育需要，奉节餐饮行业人士、企业还建有专门的餐饮博物馆，如竹园盬子鸡非遗传承人常引航自筹资金建有竹园盬子鸡博物馆、重庆市熙博饮食文化有限公司建有三峡菜博物馆。当前，很少有企业或个人因美食而自建博物馆。

1. 竹园盬子鸡博物馆

竹园盬子鸡博物馆（见图 6-7）位于盬子鸡非物质文化遗产传承人常引航居家楼上，其中收藏了不同历史时期的盬子、盬子鸡歌、盬子鸡赋、各种荣誉和相关字画。

图 6-7 竹园盬子鸡博物馆

2. 三峡菜博物馆

三峡菜博物馆（见图 6-8）位于食神王府内，以"布衣暖，菜根香，诗书滋味长"为主题，以"游奉节，不登夔门非好汉，不进'三峡菜博物馆'真遗憾"为宣传口号，打造融三峡历史文化、旅游文化、特色美食文化于一体的文化长廊。目前正在升级打造之中。

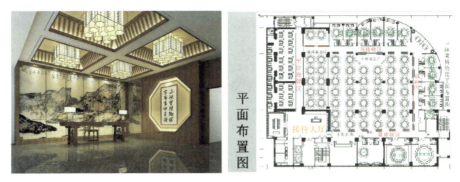

平面布置图

图6-8　三峡菜博物馆

第六节　文化墙

在奉节，大到五星级酒店，小到小吃门店，都比较注重餐饮文化的建设，都在室外、室内以不同方式通过文化墙来展示地方特色餐饮文化。

由于调研的局限性和篇幅限制，下面将以图示形式展示部分餐饮企业的部分文化墙。

一、室内文化墙

在调研对象中，小微餐饮企业室内文化墙做得较好的有三木米线、二两三两火锅米线、龙记山城汤圆、羊儿山小吃等（见图6-9）。

图6-9　小微餐饮企业室内文化墙

　　在调研对象中，大中型餐饮企业文化墙做得较好的当数竹园盐子鸡汤锅店（见图6-10）。

图6-10　竹园鹽子鸡汤锅店室内文化墙

二、室外文化墙

室外的餐饮文化墙，既有奉节政府设计的，也有餐饮企业设计的；既有在餐饮企业营业场所外的，也有在美食商圈内公共区域的。下面为读者展示几例，见图6-11。

图 6-11　室外文化墙

第七节　非物质文化遗产

奉节县政府、餐饮行业严格执行国务院下发的《关于加强我国非物质文化遗产保护的意见》文件精神，深入开展非物质文化遗产的挖掘、保护、开发工作，并取得了较好成绩，在餐饮技艺方面形成了重庆市非物质文化遗产6项，奉节县非物质文化遗产1项。

一、市级非物质文化遗产

1. 竹园盐子鸡传统制作技艺

竹园盐子鸡传统制作技艺是奉节最早被重庆市政府批准的重庆市非物质文化遗产，于2011年被列入重庆市第三批非物质文化遗产名录，其制作过程主要包括：

（1）选料。挑选火烧、洗净、去边角的猪脚（猪前脚为佳），锯成1厘米厚的块状；挑选土公鸡，宰杀、清洗、切块、焯水（约3分钟），挑选适量大头菜、生姜、枸杞、大枣、香菇、党参、料酒、醪糟水作辅料。

（2）装料。按主料、辅料先后顺序放入特制的盐子中（当前可选盐子有6~12孔的），盖好天锅盖，再将盐子放入铁锅中，在铁锅中加入不超过盐子器皿蒸脚的开水，在天锅盖中加冷水。

（3）蒸制。先用猛火蒸1小时，接着用小火煨1小时，再用文火煲1小时。蒸制过程中，观察天锅盖中的冷水，遇热即换，以保证蒸汽遇冷凝结成水，滴落在食材上。

在该技艺中，主料、辅料质量的把关及数量的搭配、火候的把控是关键。

2. 斑鸠叶凉粉传统制作技艺

斑鸠叶凉粉传统制作技艺于 2016 年被列入重庆市第四批非物质文化遗产名录。制作过程如下：

（1）备料。采摘山上新鲜斑鸠叶，用清水洗净，放入木盆中备用。

（2）热潦。将沸水冲入木盆中，翻动斑鸠叶，让其受热均匀。

（3）舂凿。用竹刷把反复凿斑鸠叶，凿出叶片上的叶肉，凿至糊状。

（4）过滤。将糊状的浆汁倒入细纱布，过滤出浆汁。一盆斑鸠叶可反复舂凿、过滤三次。

（5）制作点浆水。将充分燃烧后的树枝灰烬兑成水，澄清待用。

（6）点浆。将点浆水慢慢加入前面过滤出的斑鸠叶浆汁中，边加边搅拌，直到成浆糊状。

（7）冷凝。让点浆后的浆汁冷却，凝成固体状。

（8）调味。将固体状斑鸠叶浆汁切块，并将准备好的姜汁、蒜泥、白糖、生抽、食醋等调料，浇在上面，斑鸠叶凉粉即成。

该技艺关键在点浆一步，点轻了不能成形就如一盆清水，点老了口感不好。当前也有在冷凝过程中，将浆汁制作成不同形状的，如食神王府将斑鸠叶凉粉制作成鱼状。

3. 夔州老腊肉传统制作技艺

夔州老腊肉传统制作技艺于 2019 年被列入重庆市第六批非物质文化遗产名录。制作过程如下：

（1）选料。以饲养一年左右瘦肉型土猪肉为佳。

（2）腌制。将盐、花椒、白酒、香料拌匀，抹在肉上，在酱缸等容器中腌制 15 天左右，中途可上下翻动一次。

（3）去水。将肉挂在通风处，阴干到肉表面无水分。

（4）熏烤。将去水分后的猪肉放在铁制架上，下面点燃新鲜柏树枝叶，慢慢用烟雾或微火熏烤，烤至猪肉皮黄肉微黑。最好在柏树枝叶中加一点橘子皮或芝麻杆等，烤出来的肉更香。

（5）储藏。将熏烤好的腊肉挂在室内通风处，可保存一年以上。但如夏天气候太高，则易流油甚至变味、生虫，保险起见，到了夏天可放入冰箱。

在这个过程中，腌制、熏烤技艺最关键，直接关系到腊肉质量、口感的好坏。

4. 郭家沟老白干酿造制作技艺

郭家沟老白干酿造制作技艺于 2019 年被列入重庆市第六批非物质文化遗产名录。制作过程如下：

蒸煮——糖化——发酵——蒸馏——陈酿——勾兑。制作过程看似简单，并与其他白酒的制作过程基本相同。但其工艺很讲究，酿制的酒口感好，而且历史悠久（中华人民共和国成立前就已存在，但具体酿酒时间现已无法考证）。

5. 奉节搭搭面制作技艺

奉节搭搭面制作技艺于 2019 年被列入重庆市第六批非物质文化遗产名录。制作过程如下：

（1）和面。将优质面粉盛于盆内，加适量水，进行搅拌。

（2）搓揉。采用传统手工技艺，经过三道搓揉、拉扯，精细加工。

（3）煮面。将拉扯成条状的面条，置于开水锅中煮熟。

（4）浇头。面条起锅后，要选浇头，搭搭面浇头分两种，一种是蛋花糊糊，另外一种就是汤。淀粉调煮的鲜蛋花糊，加入榨菜、芽菜，佐以人们喜爱的咸鲜、回甜、麻辣等口味，经搅拌后发出扑面的浓香，味饱、色鲜、润滑、回味绵长，让人食欲大开。另外，也可根据食客喜好，加入各种汤。

6. 夔州泡菜制作技艺

夔州泡菜制作技艺于 2019 年被列入重庆市第六批非物质文化遗产名录。夔州泡菜选料于奉节大山深处的优质农产品，采用悠久的传统工艺，进行低温等离子杀菌、密封发酵和密封盐渍技术制作而成，不含人体有害的化学添加剂及人工合成色素，既保持了菜品的自然风味，又富含人体所需的维生素、蛋白质、氨基酸和乳酸等多种营养成分，酸、甜、咸、辣南北皆宜，鲜、香、脆、嫩老少可口，实为方便卫生的佐餐佳品。

二、县级非物质文化遗产

随着夔州泡菜制作技艺、搭搭面制作技艺、郭家沟老白干酿造制作技艺、夔州老腊肉传统制作技艺等升级为市级非物质文化遗产，餐饮行业已挖掘出的、未升级为市级的奉节县级非物质文化遗产已不多。最有特色的当属"杜甫晒枣传统制作技艺"。

杜甫晒枣制作过程如下：选料（选择色白、果肉肥厚的阳山鲜枣）——划枣（用针把鲜枣划成若干口子）——浸泡——掸坯——再浸泡——成坯——当糖——提纯——煮蜜——静置——晾晒（或烘干）——消毒——包装。

奉节餐饮文化除上述六大载体外，还有商标、专利及餐饮活动等，都从不同角度、不同层面体现了奉节特有的餐饮文化。在餐饮行业，一道美食能做到既有历史故事，又有诗、歌、赋、馆、书、非遗，还被十多个电视频道报道的，在重庆可能也就只有奉节的竹园盐子鸡了。

第七章　发展对策

2019—2021 年，笔者及渝东北三峡库区城镇群商务发展科研创新团队的成员多次深入奉节县，对奉节餐饮行业开展了调查和研究，成功推动了"奉节·美食地标城市"的创建、申报，并通过了中国烹饪协会、重庆市商务委员会有关专家、领导的评审。虽然其通过了评审并列入了全国美食地标城市名录、获得了《中餐特色美食名录证书》，但是奉节餐饮行业的发展仍然存在一定的问题与不足。根据发展现状和存在的问题，我们提出了奉节餐饮业创新发展和提档升级的相应对策，希望能为奉节餐饮业发展起到一定的资政作用。

第一节　餐饮业基本情况

一、发展历史悠久，文化底蕴深厚

奉节建城已逾 2 300 余年，坐拥夔门雄视古今，扼守三峡饮誉家邦，因旌表蜀国名相诸葛亮"临大节而不可夺"得名。20 世纪初期，其餐饮行业就盛极一时，至今保持着旺盛发展势头。早在公元 24 年，当地就有"干蒸旱鸡子（又叫盬子鸡）"名菜。清朝道光初年（1821 年），有了生产餐饮用碗、钵、盆、罐等土陶器的碗厂。1943 年，县城饮食店（担摊）达 140 户，1949 年，饮食店 293 户，从业人员近 500 人。1950 年，全县饮食业 425 户，从业人员 625 人，年销售额 14.3 万元。1981 年，全县饮食业发展到 243 户，网点 187 个，从业人员 839 人，从业人员中国营占 22%，集体占 54%，个体占 24%。1990 年年底，全县饮食业发展到 827 户（回民食店 1 户），网点 850 个，从业人员 1 345 人，其中国营占 2.8%，集体占 8.4%，个体占 88.8%，年销售额 539 万元，其中个体占 57.1%。《汉书·地理志》《汉志》《新唐书》《奉节县志》等书籍均对奉节美食进行了记载。诗仙李白、诗圣杜甫等历代文人墨客，都在奉节留下了传世佳作，造就了今日之"诗诚"，其中不少诗都与奉节美食有关。拥有"盐子鸡""夔州食俗""夔州老腊肉""夔州泡菜""郭家沟老白干""斑鸠叶凉粉""搭搭面"等市级非物质文化遗产、杜甫晒枣等县级非物质文化遗产，还有诗、有歌、有赋、有馆、有专利、有商标，成为奉节县餐饮发展历史的见证和餐饮文化的重要载体，也成就了奉节县别具一格的餐饮文化特色。CCTV 1、CCTV 2、CCTV 10、珠海电视台等电视频道的《中国味道》《消费主张》《中国影像方志》《食客准备》等节目以及搜狐、百度等网络媒体均报道了奉节的美食肴馔。

二、市场规模扩大，营商环境良好

近年来，奉节县委县政府高度重视餐饮业发展，充分利用丰富的食材、烹饪工艺、人力资源，通过系列措施积极培育中餐特色美食企业、绿色饭店品牌餐饮企业，大力打造盐子鸡、三峡第一桌、汀来泡菜等特色菜品，依据特色美食及其独特烹饪技艺，形成了独具特色的"三峡菜系"；努力发展夔门印像、天佑美食文化街区，现有餐饮企业 2 388 家，"十三五"期间，各年餐饮业营业额分别达 16.24 亿元、19.18 亿元、21.25 亿元、21.72 亿元、23.44 亿元，占地区生产总值的比重均在 7.2% 以上，形成了繁荣的特色美食餐饮市场。

奉节县充分利用良好的地理位置和生态环境优势，以绿色为主线，有机组合自然资源和生态资源、特色农业资源，开发种植与养殖基地，集中优势打造"绿色食材"品牌，为奉节县及周边区域的餐饮产业发展提供了强有力的资源保障；以打造"长江三峡第一旅游目的地"和创建"全域旅游示范县"为目标，以建设"32321"交通工程为工作重心，打造全县旅游大通道，大力推进交通基础设施建设，完善景区景点布局及其设施设备建设；加强行业监管，加大奖惩力度，强化行业自律，营造了优良的营商环境。

三、培训教育并举，人力资源充足

奉节县大力开展在职员工培训、交流，提高餐饮从业人员操作技能和服务水平；开展非在职人员培训，提升他们进入餐饮行业就业的能力；积极利用奉节县职业教育中心的教育资源，加大与专科、本科院校的合作，大力发展全日制职业教育，培养餐饮服务人才，为餐饮行业的发展提供了充足的人力资源。全区餐饮业从业人员的比例占总劳动力人口的 1.3%。

四、注重开拓创新，品牌效应初现

奉节县不断加强对区域内餐饮企业的扶持，引导餐饮行业企业结合土家族民俗饮食文化，根据特色优势加强民优菜品研发，产生了盐子鸡、乡坛子、搭搭面等名菜名小吃；注重星级酒家、星级农家乐、绿色饭店、中餐特色美食企业等的创建、引进，拥有五星级酒店 1 家、四星级酒店 2 家、四星级标准酒店 3 家、国家金叶级绿色饭店 1 家、四叶绿色饭店 2 家、中餐特色美食企业 3 家、星级农家乐 151 家；有"大头菜的腌制方法""蔬菜发酵装置""一种食用菌孢子的采集培养方法"等专利 10 多项，有"乡坛子"国际注册商标和"奉节脐橙"等中国驰名商标及"汀来""红翠"等重庆著名商标。这些品牌美食、品牌企业、品牌专利和商标，极大地提升了奉节美食与餐饮文化的影响力，提升了奉节餐饮行业核心竞争力。同时，奉节县利用这些品牌优势，进行外延式发展，在全国各地进行连锁、加盟经营，进一步提升了奉节餐饮品牌效应。

第二节　主要问题与不足

一、高端人才匮缺

虽然当前有充足的人力资源，但烹饪大师、烹饪名师、高级技师、职业经理人较少，在 2019 年评审时仅达到基本条件。此外，奉节县的职业学校也没有全日制的餐饮专业，高端餐饮人才的培养与储备不足。高端人才的匮缺，将制约奉节县餐饮行业未来的发展。

二、品牌效应不足

当前奉节特别具有品牌价值的盐子鸡、乡坛子、脐橙已被中央电视台等多家电台和网络媒体报道，产生了一定的品牌效应，但这种具有品牌价值的美食数量偏少，均未被《中国烹饪百科全书》收录。乡坛子属于下饭菜，不能当主食吃。脐橙是水果，主要是平时或餐前餐后吃，也不能当主食吃。盐子鸡虽然是名菜并能当主食吃，但是烹饪时间长达 4 小时，需要提前预订，一般顾客特别是外来食客平时很难吃到，不利于推广；缺少国字号的"中华餐饮名店""中国名菜""中国名点""中国名宴""中华名小吃""中华名火锅"等品牌美食。就企业而言，目前仅 1 家五星级酒店、2 家四星级酒店，品牌餐饮企业不足。

三、职工获奖不多

在综合奖方面，仅有重庆乡坛子食品科技有限公司法人代表汪丽平同志获有国务院、重庆市的多个奖项，餐饮商会会长杨必金同志获有重庆市"五一劳动奖章"；在专业技能奖方面，虽然也有金奖，但多是行业协会举办的赛事。此外，2010年在"第三届饭店业职业技能竞赛全国总决赛"中获得了四项奖，但直到之后的2020年第八届均未获奖。该竞赛是全国饭店和餐饮行业唯一的国家级技能竞赛，获奖少，也就导致了奉节餐饮业在全国的影响力不高。

四、行业组织不全

奉节县目前餐饮行业的行业组织只有餐饮商会，且隶属于奉节县工商联合会。虽然餐饮商会做了大量工作，但毕竟力量单薄，而且目前餐饮行业的管理又主要由奉节县商务委员会负责，因此，在实际工作中存在不利于开展行业组织、行业自律、资源整合、企业维权、商业协调、对外交流、人才培养等方面工作的现象，也不能有效地与重庆市烹饪协会等上级组织机构进行交流、沟通、协调，更不利于促进奉节县餐饮行业的进步与发展。

五、政策扶持不够

"十三五"期间，奉节县虽然出台了《奉节县现代商贸物流业"十三五"发展规划》《奉节县创建"国家全域旅游示范区"工作实施方案》《奉节县打造民俗美食目的地实施方案》《奉节县商务委员会关于加快特色餐饮业发展的意见》《奉节县商务委员会关于印发奉节县美食地标申报及美食文化建设工作方案的通知》等文件，突出了大力发展餐饮业的重要性，但在餐饮企业技艺创新、品牌建设、技能获奖、帮扶贫困、税收优惠等方面缺乏具体的奖励政策，不利于调动企业和职工积极性，职工专业技能获奖少就证明了这一点。

六、宣传力度不强

如前基本情况所述，奉节美食文化底蕴深厚，有一定的品牌效应，有书、诗、歌、赋、馆、专利、商标等载体，但除了对盬子鸡和脐橙的宣传报道较多之外，在其他诸如品牌企业、美味佳肴、优秀员工、创业典型等方面，较少利用网络、户外广告、书籍、电台等进行宣传，降低了奉节餐饮业的知名度和影响力。

第三节　机遇与挑战

随着乡村振兴战略的实施、成渝双城经济圈建设的推进、高铁时代的来临、旅游业的发展，奉节餐饮业的发展迎来较好的发展机遇，主要体现在以下方面：

（1）国家政策落地，餐饮产业发展加速。

《2019 中国餐饮业年度报告》显示，四川省餐饮业营收 2 807.4 亿元、重庆市餐饮业营收 1 318.7 亿元，同比分别增长 12.5%、11.6%，分别位居全国 31 个省（自治区、直辖市）第六、第十三位[①]，可见在整个成渝地区经济圈内，餐饮业的存量和增量都是相当可观的。而在 2020 年 10 月 16 日，国家审议通过了《成渝地区双城经济圈建设规划纲要》，为经济圈建设指明了具体方向，并强调要打造高品质生活宜居地，而高品质生活自然离不开餐饮；乡村振兴战略的实施，将进一步促进农村经济大发展，促进餐饮产业链不断完善。因此，一些大中型餐饮企业及餐饮产业链相关的生产、配送、加工企业已在成渝经济圈内开始布局，如专注于基地、厂家源采，并提供仓储、物流、销售、金融为一体的食材供应链服务企业——望家欢农产品集团有限公司，于 2020 年已在成都建立共享配送中心，现又正在筹建重庆共享配送中心；五星级酒店——诗城皇廷大酒店已入驻奉节。因此，随着成渝地区双城经济圈建设的推进、乡村振兴战略的实施，成渝地区餐饮产业将加速发展。川菜是中国八大菜系之一，中外驰名。而奉节三峡特色菜系，不仅传承了川菜文化，还独具三峡特色，相信在成渝地区餐饮产业加速发展的同时，奉节餐饮更会走在同类区（县）的前列。

（2）高铁带来客流增长，消费潜力提升。

为提升西南地区东北方向铁路运输能力，促进沿线经济社会发展，郑州至万州铁路项目在 2014 年获得国家发改委批复，并于 2015 年 12 月 1 日开工。其中，奉节段全长约 55.4 千米，根据建设进度，2022 年正式通车并投入使用。通车后，重庆到奉节将由现在高速公路的 4 小时缩短至 1.5 小时，成都到奉节也只需要 2 小时。奉节丰富的自然旅游资源和深厚的餐饮文化，将吸引更多游

---

① 望家欢. 成渝经济圈按下"快进键"，西部食配商如何抓住历史机遇？［EB/OL］.（2020-02-10）［2021-06-06］. https://www.163.com/dy/article/FTBF0V1A0538021D.html.

客前往奉节观光、旅游、避暑，到时奉节的国内外客流量和旅游、餐饮收入都会明显增长。以乐山为例，2014 年成绵乐高铁开通后的两年，与前两年相比，国内旅客人数和旅游收入年平均增长率分别高出 2.1% 和 7.4%，国际旅客人数及外汇收入增长率分别高出 41%、33%，在乐山旅客消费构成中，餐饮消费占 19.34%①，到 2019 年，餐饮收入达 134.8 亿元，增长 10.4%②。就近的梁平区，2016 年 11 月通高铁后，2018 年住宿餐饮业零售额由 2016 年的 15 万元增长到 20.5 万元（数据源于梁平区 2016 年、2018 年国民经济与社会发展统计公报），年平均增长 18.3%。

与此同时，奉节餐饮业的发展也将面临挑战，这主要体现在成本上涨和竞争激烈上。

（1）通胀压力较大。

受疫情影响，以美国为首的多数国家不断印刷钞票，这直接导致了煤炭、钢铁、化工、原油等大宗商品价格大涨。资料显示，美国 2021 年 7 月份通胀率达到 5.4%，远高于几十年来 2% 的目标。此外，美国 8 月生产者价格指数（PPI）同比增长了 8.3%，超预期值 8.2% 与前值 7.8%，创 11 年来新高③。通胀带来物价上价，导致餐饮行业食材成本上涨。而且近年来，人力资源成本也在不断上涨，而餐饮产品却不能同比例上涨，这在一定程度上会降低餐饮行业利润。

（2）同行竞争加剧。

当前已进入服务经济时代，加上人工智能技术的大量应用，大量劳动力进入餐饮行业开设餐馆。疫情后，一些大中型企业占有资本优势，会采取兼并重组等方式，进行行业洗牌。高铁既给奉节带来机遇，同样也给临近区（县）的餐饮业带来发展机遇，同时竞争也将加剧。

---

① 高铁时代背景下乐山地方餐饮发展对策研究［EB/OL］.（2019-10-10）［2020-06-08］. https://www.xzbu.com/7/view-15003965.htm.

② 乐山市统计局. 2019 年乐山市国民经济和社会发展统计公报［EB/OL］.（2020-03-20）［2020-06-09］. https://stjj.leshan.gov.cn/stjj/tjgb/202003/4128086358e641a086ad64f225f51779.shtml.

③ 百思不得其解. 大宗商品价格大涨，通胀来袭？内行人：建议未来 5 年持有这 3 样东西［EB/OL］.（2020-06-20）［2021-09-26］. https://xw.qq.com/cmsid/20210926A03ACP00? f=newdc.

第四节　对策建议

根据发展现状和存在的问题与不足，经过笔者及研究团队讨论，对奉节餐饮业未来发展提出了一定的对策建议，希望对奉节餐饮业的发展有所帮助。

一、出台政策加大扶持力度

奉节政府要把"振兴三峡特色菜"列入工作要点，积极发挥政策的引导、激励作用，结合地方实际情况，出台"进一步鼓励和扶持餐饮行业发展的政策措施""加强外卖平台佣金管理的指导意见"等文件、政策，加大对餐饮行业、企业的扶持力度，如给予商务委员会一定的商业发展资金，对餐饮企业及其职工获得各种荣誉按不同级别予以奖励，就餐饮企业帮扶贫困、安置就业等给予税收优惠，鼓励创新烹饪、加工技艺注册专利，对县外入驻品牌企业给予租金、税费优惠，牵头组织餐饮企业与外卖平台的协调协商以防止行业垄断，等等。

二、传承文化打造开放窗口

借助政府力量，建设"奉节美食博物馆"，甚至"三峡美食博物馆"，全面展示奉节美食及餐饮文化，打造开放窗口，达到宣传、传承目的，并促进奉节餐饮、旅游发展。我们认为之前将盐子鸡展览馆与农产品展厅结合的做法，值得借鉴和推广，这有助于实现产业融合发展，但仅有盐子鸡，内容偏少，不能全面反映奉节餐饮文化。目前民间私人建设的盐子鸡博物馆、三峡菜博物馆，因资金、地盘等因素体量太小，收藏的展品不多，又不能大量对外开放，故政府可以出面进行协调整合或收购重建。在博物馆建设方面，可以借鉴江津区建设花椒博物馆的经验。

三、培育人才增强发展动力

通过内部培训、高校进修、技能鉴定等措施，培养烹饪大师、烹饪名师、高级技师、职业经理人等高端餐饮人才；也可通过政府与企业合作，通过提高薪资、安置家属、落实子女入学等方式，从外部引进高端餐饮人才，借助高端人才引领行业发展，增强餐饮行业发展动力。为实现可持续发展，更重要的是要加强与重庆商务职业学院等有餐饮专业的高校合作，通过订单培养、现代学徒制等方式，为奉节餐饮业的发展培养、储备高端人才。

四、发展品牌提高知名度

通过环境打造、吸引企业入驻、鼓励居民消费等措施，积极创建市级、国家级美食街区、特色夜市街区等品牌环境；组织餐饮企业积极创建、申报中餐特色美食企业、星级酒家、绿色饭店等品牌企业，组织餐饮企业充分利用现有资源申报市级、国家级老字号及名宴、名菜、名点、名火锅等品牌美食，挖掘传统餐饮技艺申报市级、国家级非物质文化遗产，提高全县餐饮知名度。

五、注重创新提升竞争力

借助奉节丰富的绿色美食资源，开展美食技艺、菜品和营销方式创新，开发名菜、名点、名宴、名火锅等品牌美食，助推产品和服务提档升级。比如，前面我们提到的盬子鸡烹饪时间长，顾客无法现场点购、食用，可以实行线上线下结合方式销售，即采用网上预定、配送制，还可以根据人数多少定制大、中、小份；可以利用奉节独特的气候加大娃娃鱼的养殖，研发娃娃鱼相关佳肴，让更多食客吃上珍贵的娃娃鱼，甚至连同太白鱼等鱼类菜品形成三峡鱼宴。同时，根据"医食同源"理念，还可利用奉节独有的地理位置和气候所盛产的中药材，开发保健、美容类美食。

另外，商业模式的创新也是非常重要的。企业应当充分研究客户定位、业务系统、关键资源能力、盈利模式、自由现金流结构、企业价值等相互作用、相互决定的商业模式构成要素，如可以鼓励中、小餐饮企业进行合并，实施股份制经营；鼓励大、中型餐饮企业走出去，进行连锁经营。通过这些商业模式的创新，可以实现规模效应。此外，还可实施"餐饮+"融合经营模式，如"餐饮+便利店""餐饮+书店+花店""正餐+下午茶+夜宵+酒吧"等，以应对不断高涨的房租，适应不同时间段人们消费的需求，提升利润空间。

通过技艺创新、菜品创新、营销创新、模式创新，提升奉节餐饮的核心竞争力。

六、强化宣传塑造对外形象

在进一步利用电视、广播、报刊、户外广告等传统宣传媒体加大对外宣传的同时，要结合当前网络化、智能化趋势，充分利用人们比较喜爱、易于接收的数字杂志、数字报纸、数字广播、手机短信、移动电视、网络、桌面视窗、数字电视、数字电影、触摸媒体、手机网络等新媒体进行宣传，同时，还要积极开展美食文化活动,组织职工参加各种比赛、竞赛,广泛展示奉节餐饮建设现状、建设成果、精神风貌,塑造奉节餐饮行业良好形象。

七、优化环境提高服务效能

持续深化"放管服"改革,大力优化营商环境。要多部门协同,加强行政审批、食品安全、垃圾分类、税收缴纳、节能减排、服务质量等的管理,加强餐饮企业诚信守法、餐饮礼仪等的培训,加强形象景观、主题文化等的建设。特别是要建立一站式服务制度,落实"让企业只跑一趟"服务;要建立信用体系,鼓励企业守法诚信经营,营造公平公正经营环境;要落实监督问责制,对工作落实不到位的责任人或破坏营商环境的单位和个人严肃查处,甚至追究民事、刑事责任。

八、融合发展形成竞争合力

一要进行供应链融合。要致力于餐饮行业供应链的优化运营,完善产业链条,实现种养、加工、采购、烹饪、销售一体化,既能保证销量,又能满足需求,还可降低成本。二要进行产业融合。随着互联网、物联网技术的深入发展,食品安全、成本控制等要求日益增强,消费需求和创新模式逐步升级,产业融合的趋势不可逆转。因此,应实施"餐饮+"的融合经营模式,加强商、旅、文等产业的融合。比如,成都映象创始人杜兵开了三家以"卖货"为主的餐厅——轻安素食馆,以素食餐饮为主打,注入了图书、家具、瑜伽课程;崇德里,是不定期举行各种讲座与活动的文化场地;太古里的高宅,是就餐、游览、参观、购买为一体的"设计博物馆"。三要进行线上线下融合。在餐饮新零售时代,商家应以实体门店、电商平台、移动互联网为核心,做线上线下一体化的经营,创建"到店+外卖+零售"的"三位一体"经营体系。四要加强美团、携程及景区、旅行社、酒店合作,拓展、共享客源。

九、延伸服务增加附加值

关注现代人消费理念、文化品位的提升,在营养、健康、绿色、文化、方便、体验等方面下功夫,借助互联网,开发 App、建立官微网等,为客户提供自助点餐、网上预订、等位号、优惠查询、点评、无现金支付等线上服务和美味特调、送餐到位、试吃体验、文艺欣赏、物品代购等线下服务,为顾客提供数字化、个性化、人性化的产品和服务,构建"餐饮服务+主题文化+消费体验"的服务模式,增加餐饮附加值。就像杜兵的三家餐厅年营收额均在千万元上下，其中非餐饮业态占了将近一半。

十、健全组织促进行业发展

成立餐饮行业协会（或餐饮住宿行业协会）、烹饪协会等行业组织，并依托协会加强行业管理和上下沟通，制作相关美食技能标准、包装标准、质量标准、操作流程等，推进奉节餐饮业标准化建设，促进餐饮业可持续发展。

参考文献

［1］黄奇帆. 新时代，国际贸易新格局、新趋势［R/OL］.（2019-04-28）
［2020-06-06］. http://www.xinfajia.net/15985.html.

［2］张世潮. 奉节非物质文化遗产概览［M］. 北京：光明日报出版社，
2015.

［3］王颖. 点评榜·重庆生活手册［M］. 成都：四川科技出版社，2019.

［4］张宝忠，陆春阳. 中华商文化传承与创新［M］. 北京：北京理工大
学出版社，2020.

［5］陆东福. "十四五"期间全国铁路营业里程将达17万千米左右［EB/OL］.
（2021-03-06）［2021-06-06］. https://www.360kuai.com/pc/9db2cb35314d1
c69a？cota＝3&kuai_so＝1&tj_url＝so_vip&sign＝360_7bc3b157.

［6］奉节县志编辑委员会. 奉节县志［M］. 北京：方志出版社，1995.

［7］梁鹏，邢丽霞. 新冠肺炎疫情对餐饮业的影响及对策研究［J］. 时代
经贸，2020（7）：8-12.

［8］冉杰. 高铁时代背景下乐山地方餐饮发展对策研［J］. 当代旅游，
2019（3）：1-2.

［9］重庆市奉节县人民政府. 走进奉节［EB/OL］.（2022-04-06）［2022-
06-05］. http://www.cqfj.gov.cn/zjfj/.

［10］奉节县慈善会. 奉节县慈善会2019年12月至2020年6月接收捐赠
款物明细表［EB/OL］.（2020-08-01）［2021-08-01］. http://www.fjcsh.com/
news/show.php？itemid＝138.

［11］陈学斌. 诗的故园：奉节［EB/OL］.（2019-01-10）［2021-06-09］.
http://www.xfjw.net/2019/01/99047.shtml.

［12］奉节微发布. 一座城市·一种情怀, 夔州美食之搭搭面详解［EB/OL］.（2019-03-19）［2021-08-01］. https://www.sohu.com/a/302424787_715477.

［13］百思不得其解. 大宗商品价格大涨, 通胀来袭? 内行人: 建议未来5年持有这3样东西［EB/OL］.（2021-09-26）［2021-11-11］. https://xw.qq.com/cmsid/20210926A03ACP00? f＝newdc.

［14］望家欢. 成渝经济圈按下"快进键", 西部食配商如何抓住历史机遇［EB/OL］.（2020-12-11）［2021-06-06］. https://www.163.com/dy/article/FT-BF0V1A0538021D.html.

［15］周海媚. 绿满夔州·花漾奉节"李白酒"评选活动举行［EB/OL］.（2018-03-18）［2021-01-02］. http://www.xfjw.net/2018/03/81515.shtml.

［16］前瞻产业研究院. 一文带你了解近年中美贸易摩擦［EB/OL］.（2020-06-06）［2021-03-08］. https://www.sohu.com/a/458104608_473133.

［17］中华人民共和国统计局. 中华人民共和国2020年国民经济和社会发展统计公报［EB/OL］.（2021-02-07）［2021-02-27］. http://www.stats.gov.cn/tjsj/zxfb/202102/t20210227_1814154.html.

［18］奉节县统计局, 国家统计局奉节调查队.2020年奉节县国民经济和社会发展统计公报［EB/OL］.（2021-03-07）［2021-04-11］. http://www.cqfj.gov.cn/bm_168/tjj/zwgk_61835/fdzdgknr_61837/tjxx/202104/t20210411_9132404.html.

［19］奉节县统计局, 国家统计局奉节调查队.2019年奉节县国民经济和社会发展统计公报［EB/OL］.（2020-05-20）［2020-10-19］. http://www.cqfj.gov.cn/index/bm_168/tjj/zwxx_61832/gsgg_107031/202010/t20201019_8033244.html.

［20］乐山市统计局. 2019年乐山市国民经济和社会发展统计公报［EB/OL］.（2020-02-10）［2020-03-10］. https://stjj.leshan.gov.cn/stjj/tjgb/202003/4128086358e641a086ad64f225f51779.shtml.

［21］梁平区统计局. 重庆市梁平区2016年国民经济和社会发展统计公报［EB/OL］.（2017-10-28）［2020-12-28］. http://www.cqlp.gov.cn/zwgk_178/fdzdgknr/tjxx/tjgb/202012/t20201228_8710119_wap.html.

［22］梁平区统计局. 重庆市梁平区2018年国民经济和社会发展统计公报［EB/OL］.（2019-10-28）［2020-12-28］. http://www.cqlp.gov.cn/zwgk_178/fdzdgknr/tjxx/tjgb/202012/t20201228_8710175_wap.html.

［23］美食可寻. 餐饮的未来是融合经营模式［EB/OL］.（2020-08-08）
［2021-06-08］. http://www.szzoe.cn/peixun/tj/news/4818.html.

［24］砍柴网. 餐饮行业探索线上线下融合之道，看智慧餐厅如何三位一体化经营［EB/OL］.（2021-01-03）［2021-07-06］. https://www.sohu.com/a/233974531_104421.

［25］舟瑞成，杨露勇. 重庆奉节：由"景区旅游"向"全域旅游"转型
［N］. 经济日报，2017-02-13（11）.

［26］中国天气网. 奉节红土大米［EB/OL］.（2020-09-15）［2021-07-08］. http://www.weather.com.cn/zt/tqzt/3345285.shtml.

［27］曾莉. 开便利店、书店、花店、家具店……餐饮老板开始跨界反攻
［EB/OL］.（2021-05-23）［2021-09-15］. https://www.canyinj.com/news/6710.html.

后记

　　本专著由笔者独立完成，能顺利出版，首先要感谢重庆城市管理职业学院及其所属数智财经学院、科研发展与规划处等部门的资助，感谢重庆市奉节县商务委员会、奉节县部分餐饮企业、西南财经大学出版社的鼎力支持，感谢奉节县政府部门、餐饮企业的各位朋友在我们调研和写作过程中提供的支持，特别是奉节县商务委员会谭遗彬同志为我们的调研和写作付出了艰辛劳动，感谢重庆商务职业学院贾曦、李勇军、李律三位老师提供的一系列帮助。另外，在写作过程中，本专著参考、使用了部分书籍、期刊和网络文章中的部分文字资料、图片资料、数据资料，在此对原作者表示衷心感谢，虽然在书后列举了参考文献，但难免有所遗漏，对笔者参考过文献资料而被遗漏的朋友，敬请与笔者联系（邮箱：305654412@qq.com），笔者将采取措施予以更正并致谢！

　　同时，渝东北三峡库区城镇群商务发展科研创新团队将进一步与奉节等三峡库区城镇群内的区（县）加强联系与合作，深入相关区（县）开展基层调研，也希望相关区（县）能为我们提供更多机会，以提升团队服务经济社会发展的能力，促进职业教育与乡村振兴的融合。

唐东升

2022 年 3 月